FUSSBALLTAGE IM WESTEN

KLARTEXT

Ralf Piorr (Hg.)

FUSSBALLTAGE IM WESTEN

Die Oberliga West 1947-1963 im Bild

Institut für Stadtgeschichte

Die meisten Fotos des vorliegenden Bildbandes stammen aus dem Nachlass des Gelsenkirchener Sportfotografen Kurt Müller. Der komplette Bestand lagert als „Fotosammlung Müller – Sport-Negative" beim Institut für Stadtgeschichte Gelsenkirchen.

Foto-Intro:
Zuschauerandrang beim Spiel SC Preußen Münster gegen den FC Schalke 04, Oktober 1953.

Seite 2:
Alfred „Adi" Preißler und Erich Juskowiak bei der Seitenwahl vor dem Marathon-Tor des Düsseldorfer Rheinstadions, 25. Januar 1957.

Konzeption, Fotoauswahl, Bildlegenden & Interviews:
Ralf Piorr

Satz & Gestaltung:
Udo Jansen

Unter Mitarbeit von Manfred Rottwilm

1. Auflage: Dezember 2007
Umschlaggestaltung: Volker Pecher
Druck und Bindung:
© Klartext Verlag, Essen 2007
ISBN 978-3-89861-928-8
Alle Rechte vorbehalten
www.klartext-verlag.de

Inhalt

07 **Rolf Schafstall**
Vorwort

09 **Ralf Piorr**
Portraits des Spiels.
Die Oberliga West und die Fotosammlung Kurt Müller

Die Oberliga West 1947-1963 im Bild

16 Die Saison 1947/48

24 Die Saison 1948/49

38 Die Saison 1949/50

Jule Ludorf
Der König vom Stimberg   54

60 Die Saison 1950/51

74 Die Saison 1951/52

86 Die Saison 1952/53

100 Die Saison 1953/54

Fritz Herkenrath
Der fliegende Schulmeister   114

122 Die Saison 1954/55

134 Die Saison 1955/56

144 Die Saison 1956/57

Aki Schmidt
Der Straßenfußballer aus Berghofen   156

162 Die Saison 1957/58

174 Die Saison 1958/59

186 Die Saison 1959/60

Georg Stollenwerk
Der Allrounder aus Düren   198

204 Die Saison 1960/61

214 Die Saison 1961/62

224 Die Saison 1962/63

233 Deutsche Meisterschaften von 1947 bis 1963

234 Ewige Tabelle der Oberliga West

235 Ewige Torschützenliste der Oberliga West

236 Foto- und Literaturnachweise

237 Dank

Norddeutschland – Westdeutschland 1:1 (0:0), Länderauswahlspiel, 8. Mai 1949, Bremer Weserstadion, 41.000 Zuschauer

Eine „Ländermannschaft" der Oberliga West am 8. Mai 1949, wenige Tage vor der Gründung der Bundesrepublik Deutschland am 24. Mai 1949. Mangels einer „deutschen Nationalmannschaft" waren Auswahlspiele der Landesverbände wie „Nord", „West" und „Süd" populär.

(Bild unten) Die von Sepp Herberger trainierte Auswahl Westdeutschlands angeführt von einem unbekannten Fahnenträger, danach: Paul Janes, Kurt Borkenhagen (beide Fortuna Düsseldorf), Otto Mierzowski (Preußen Münster), August Gottschalk (RW Essen), Paul Matzkowski (Schalke 04), Georg Gawliczek (Meidericher SV), Berni Klodt (STV Horst-Emscher), Matthias Mauritz (Fortuna Düsseldorf), Clemens Wientjes (RW Essen), Erich Schanko (BVB) und Paul Mebus (VfL Benrath).

Torhüter Mierzowski musste sein Münsteraner Trikot tragen, da in seiner Größe (1,93 m und eine Figur wie der „Koloss von Rhodos") kein passendes Torwarttrikot vorhanden war.

Für das Spiel in Bremen wurde auch aus dem Ruhrgebiet ein Sonderzug eingesetzt. „Früher fuhren wir diese Strecke, um Kartoffeln zu hamstern", zitiert die Westdeutsche Allgemeine Zeitung (WAZ) vom 10. Mai 1949 einen Zeitzeugen.

Rolf Schafstall – Vorwort

Ich erinnere mich gut an meine ersten Spiele für Hamborn 07 in der alten Oberliga West. Ich war 19 Jahre, kam aus der eigenen Jugend und unterschrieb einen Vertrag mit 125,- Mark Grundgehalt. Es war ein Nebenverdienst, kein Auskommen. Hauptberuflich arbeitete ich als Elektriker auf der Thyssen-Hütte, die den Duisburger Stadtteil Hamborn prägte.

Das Ruhrgebiet war damals noch anders. Rund um die Sportplätze des Reviers arbeiteten die Zechen noch auf Hochtouren und sonntags saßen und standen die Kumpels in den Stadien und Kampfbahnen, um ihren Verein anzufeuern. Ich selbst habe auch ein paar Monate unter Tage gearbeitet, aber – Gott sei Dank – war das schnell vorbei. Ich habe mich so tief unter der Erde überhaupt nicht wohl gefühlt. Auf der Erde, insbesondere auf dem Rasen, war es etwas anderes. Ich spielte in Hamborn als linker Verteidiger und galt allgemein als „harter Hund". Einer meiner Gegenspieler in der Oberliga West war Helmut Rahn. Vor so einem großartigen Fußballer hatte man schon gehörig Respekt. Generell habe ich meinem Gegenspieler gern die Außenlinie frei gegeben, damit ich mir dann den Ball mit der Grätsche schnappen konnte, denn im Tackling war ich todsicher. In einem Spiel kam Rahm, damals spielte er für den 1. FC Köln, also wie eine Dampfwalze auf mich zu und während ich grätsche, spitzelt er den Ball mit der Fußspitze an mir vorbei und läuft über die Aschenbahn wieder ins Feld rein. Es kam, wie es kommen musste: Er bringt die Flanke in den Sechzehner, Kopfball Christian Müller, Tor! Währenddessen lag ich immer noch auf der Erde und war ganz ratlos, wie mir das passieren konnte.

Diese Szene habe ich nie vergessen, und umso erstaunlicher ist es, dass ich jetzt nach fast 50 Jahren sogar den Beweis „im Bild" nachgeliefert bekomme. Der Fotograf Kurt Müller stand am Spielfeldrand und drückte auf den Auslöser. Obwohl Helmut Rahn mich in dieser Szene aussteigen lässt, ist es doch auch für mich eine wunderbare Erinnerung an eine großartige Fußballzeit. „Der Boss" war übrigens ein unglaublich fairer Spieler. Man konnte ihn als junger Verteidiger angehen, und er hat keinen Standesdünkel gehabt – nach dem Motto: „Ich bin Nationalspieler und wer bist Du?"

Mit den Hamborner „Löwen" ging es zwischen erster und zweiter Liga immer auf und ab, so dass wir von der Sportpresse zur ersten „Fahrstuhlmannschaft" der Oberliga-Geschichte erklärt wurden. Vielleicht hat sich schon damals meine Vorliebe für den Abstiegskampf entwickelt. Als Bundesliga-Trainer wurde ich oft als „Feuerwehrmann" geholt, wenn sich Vereine tief im Abstiegsstrudel befanden. Und ehrlich gesagt: Ich habe diese Arbeit geliebt und die Aufgabe konnte mir gar nicht schwierig genug sein. Das Nichtabsteigen hatte ich von der Pike auf gelernt, und als Kind aus einer Arbeiterfamilie wusste ich sehr genau, was es bedeutet, „malochen" zu müssen.

Heute bin ich in Rente. Ich weiß, dass das Telefon nicht mehr klingeln wird, aber natürlich bin ich noch fast jeden Tag in Sachen Fußball unterwegs. Wenn ich an meine Anfänge als Spieler in der Oberliga West denke und heute die Bundesliga und die Champions League sehe, dann liegen Welten dazwischen. Auch im Fußball bleibt die Zeit nicht stehen. Das Spiel hat sich gewandelt und ist intensiver geworden. Ob es auch schöner geworden ist, das weiß ich jedoch nicht. Aber das sehen die Zeitgenossen wohl immer anders.

Ihr,

SF Hamborn 07 – 1. FC Köln 2:2 (1:1), 31. Januar 1960, 22.000 Zuschauer

Der gebürtige Hamborner Rolf Schafstall versucht vergeblich, Helmut Rahn zu stoppen: „Ich lag immer noch auf der Erde und war ganz ratlos, wie mir das passieren konnte."

Rolf Schafstall trainierte später in der Bundesliga unter anderem den MSV Duisburg, Rot-Weiss Essen, Schalke 04, Bayer Uerdingen, Fortuna Düsseldorf und den VfL Bochum. Oftmals wurde er als „Feuerwehrmann" eingesetzt, der Vereine retten sollte, die sich tief im Abstiegsstrudel befanden. Es gelang ihm fast immer.

Ralf Piorr

Portraits des Spiels.
Die Oberliga West und die Fotosammlung Kurt Müller

Ein Torwart fliegt waagerecht durch die Luft, fast scheint er zu schweben. Den Ball mit bloßen Händen fest an die Brust gedrückt. Im Hintergrund verschwimmen die Zuschauer zu einer anonymen und undeutlichen Masse. Ein Schiedsrichter beobachtet die Situation, man ahnt die Pfeife in seinem Mund. Der Rasen ist flächig und erdig. Dort, wo der Torwart abgesprungen ist, wirbelt noch etwas Erde durch die Luft. Ein Moment des Stillstandes im Lauf des Spiels, ein Fußball-Stillleben in schwarz-weiß, die Dynamik des Spiels eingefroren in einer Fünfhundertstelsekunde, gebannt auf Kodak oder Agfa-Film. Fußball ist Bewegung, die Fotografie isoliert den Augenblick. Man weiß nicht, wie der Zweikampf ausgeht, ob der Ball ins Netz trudelt oder neben das Tor geht. Nur manchmal gelingt es dem Fotografen, den „entscheidenden Moment" festzuhalten, und selbst dieser ist oftmals nur rekonstruierbar durch die Bildunterschriften, die das Geschehen verorten und den Kontext vermitteln. Aber die gelungene Momentaufnahme gewinnt auch jenseits des aktuellen Geschehens an Bedeutung. Sie wird zeitlos und emotional aufgeladen. Die Portraits des Spiels verkörpern Wirklichkeit und entfachen die Vorstellungskraft. Durch die Fotos hindurch schauen wir auf Geschichte, die in der vergangene Ferne beheimatet und uns doch gegenwärtig vertraut ist: die Spieler, der Ball, ein Torpfosten, eine Linie – der Jubel, die Enttäuschung, die Anspannung und die Energie. Der Ball aus echtem Leder fliegt schwer und schwarz wie eine Kanonenkugel durch die Luft. Die Zuschauer, oft bis an den Spielfeldrand gedrängt, tragen ihre Sonntagskleidung, mit ernsten Mienen und Hut und Schlips auf den Sportplatz. Und dann diese Gesichter der Nachkriegsjahre: Sie alle wirken irgendwie alt, selbst Fußballer in den besten Jahren sehen aus wie Männer Ende Vierzig in kurzen Hosen. Es ist, als ob ihnen der Krieg, den sie als Jugendliche oder junge Soldaten miterlebt haben, noch nicht aus dem Gesicht gefallen wäre. Es sind Fotos aus dem Nachlass des Gelsenkirchener Sportfotografen Kurt Müller. Ein Archiv von bisher ungehobenen Schätzen vor allem aus der versunkenen Fußball-Welt der Oberliga West, die 1947 gegründet worden war. Für viele schon so lange her, dass es fast nicht mehr wahr ist.

Heinz „Schangel" Flotho, Horst-Emscher 1949

Die Oberliga West 1947 bis 1963

„Auf die Plätze! Fertig! Los! Aber ohne knurrenden Magen, der leider heute noch zu laut zu hören und daher die kleine Ursache mancher großer Wirkung ist", kommentierte die Bielefelder „Freie Presse" den Start der Oberliga West im September 1947. Die neue Liga sollte den Erwartungen, die in sie gesetzt wurden, gerecht werden. Wohl kaum eine andere Zeit im deutschen Fußball besitzt gerade im Westen Deutschlands einen derart legendären Ruf. So klingt allein die Abschlusstabelle der ersten Saison wie eine sagenumwobene Karte aus einer längst vergangen Zeit: 1. Borussia Dortmund, 2. Sportfreunde Katernberg, 3. STV Horst-Emscher, 4. Hamborn 07.

In der kargen kulturellen Atmosphäre der Nachkriegszeit entwickelte sich der Fußball schnell zur Abwechslung „Nummer Eins". Fast 1,1 Millionen kamen zu den 156 Spielen der ersten Saison 1947/48, ein Schnitt von rund 14.000 Zuschauern pro Spiel. Zu keiner Zeit zuvor oder danach war die Identifikation der Anhänger mit den lokalen Vereinen so groß. Die Mannschaften blieben oftmals über Jahre hinweg zusammen, und die Spieler arbeiteten im lokalen Umfeld. Heinz Flotho, der „schwarzen Panther" des STV Horst-Emscher, beschrieb die Verhältnisse folgendermaßen: Er nahm einen Bierdeckel und erklärte diesen zum heimischen Stadion. Dann zeichnete er darum mit dem Zeigefinger einen kleinen Kreis und sagte: „Weiter als so zweieinhalb Kilometer wohnte keiner vom Stadion weg. Da kamen sie alle her. Und einige davon wurden Nationalspieler."

„Schangel" Flotho verstarb im Januar 2000, gesprochen hat ihn Jahre vor seinem Tod Hans Dieter Baroth, der mit seinem sozialen Geschichtsbuch „Jungens euch gehört der Himmel!" so etwas wie „Die Odyssee" der alten Oberliga West geschrieben hat. Auch für Baroth, der seine Jugend im Stimbergstadion in Erkenschwick verbrachte, atmen die Oberliga-Jahre den romantischen Geist einer Fußball-Zeit, die noch nicht durch die totale Vermarktung geprägt war und vom Charisma jener Fußball-Helden lebte, die man nach dem Spiel in der Vereinskneipe auf ein Bier antreffen konnte.

Erfahrungen der Identifikation, die nicht nur für das Ruhrgebiet galten, sondern auch Vereine wie Rhenania Würselen, den Rheydter SV oder den SC Preußen Dellbrück prägten. Die Preußen von der rechtsrheinischen Kölner Seite schafften es 1950 als Aufsteiger sogar bis in das Halbfinale um die deutsche Meisterschaft. Willi Hölzgen, in Dellbrück aufgewachsen und später selbst Träger des Preußen-Trikots in der Oberliga West, erinnert sich: „Man sprach zu der Zeit vom ‚Preußen-Geist'. Aber was war das? Es waren alles Jungens hier aus der Kante, die sich von der Schulzeit an kannten. Jean Paffrath, der erst 1948 aus der Kriegsgefangenschaft kam, war so etwas wie die Vaterfigur auf dem Platz und die Integrationsfigur des Vereins. Jupp Schmidt war Mannschaftskapitän. Wenn etwas passierte, konnte jemand mit dem Rad umher fahren und in einer Viertelstunde war er bei allen Spielern gewesen. So eng war das alles beieinander. Die Wurzeln der Spieler lagen in den Straßen rund um ‚Et Höffge', unserem Sportplatz."

FC Schalke 04 – 1. FC Köln 1:2 (0:0), 7. April 1950, 41.000 Zuschauer

Ein Schalker Angriff vor der Linie gestoppt (v.li.): Hennes Weisweiler, Herbert Sandmann (7), Hans Graf, Erwin Ebert (verdeckt), Walter Butscheidt, Willi Nagelschmidt und Helmut Malinowski.

Waren die Kinderjahre der Oberliga West auch mythologisch prägend, so begann schon mit der Einführung des Vertragsspielerstatuts 1949 die Romantik gegenüber dem Geschäft zu bröckeln. Spieler konnten fortan monatlich 320 Mark plus festgesetzter Prämien verdienen, und der finanzielle Kampf zwischen den Vereinen setzte ein. Sinnbildlich dafür wurde Preußen Münsters „100.000-Mark-Sturm", der 1951 die deutsche Vizemeisterschaft nach Ostwestfalen holte. Zu einem Eklat geriet 1950 die Transferpolitik von Borussia Dortmund. Mit einem Schlag wurde die halbe Mannschaft des Oberliga-Konkurrenten STV Horst-Emscher verpflichtet. Darlehen, Handgelder, Wohnungs- und Arbeitsplatzwechsel, Beschaffung von Möbeln usw. unterstützen die Spieler in ihrem Entschluss, sich „zu verändern". Die Zeit der Bergarbeiter- und Vorortvereine war abgelaufen. Helmut Rahn verließ die Sportfreunde Katernberg und ging ins Essener Zentrum zu Rot-Weiss, Berni Klodt kehrte von Horst zum Schalker Markt zurück und am Rhein machte der von Franz Kremer professionell gemanagte 1. FC Köln von sich reden.

Das sportliche Zentrum der Oberliga war zweifelsohne der „Kohlenpott", der in den 1950er Jahren das war, was heute nur noch die Älteren kennen: die Region von Stahl und Kohle, der Motor des deutschen Wirtschaftswunderlandes. Über die Hälfte der Vereine der Oberliga West kamen aus der Region zwischen Ruhr und Emscher. Da, wo sich bei den Menschen der kollektive Stolz auf ihren „Ruhrpott" noch nicht hervortraute, übernahmen die Fußball-Vereine diese Funktion. „In Dortmund hatten die Leute nur ihre ‚Borussia', um Stolz zu sein. Wenn Fortuna Düsseldorf oder der 1. FC Köln verlor, hatten die Rheinländer immer noch ihren Karneval", brachte der frühere BVB-Spieler Aki Schmidt die Unterschiede zwischen dem Rheinland und Ruhrgebiet lakonisch auf den Punkt. So war auch die Rivalität im „Land der tausend Derbys" nachhaltiger. Während die Grenzen zwischen den Städten mehr und mehr verwischten, nahmen die Gräben zwischen den Vereinen und ihren Anhängern immer deutlichere Formen an. Man war Schalker oder Horster, für den Duisburger SV oder für die „Zebras" aus Meiderich, für den SV Sodingen oder Westfalia Herne. Die rheinländische Vereinswelt erscheint dagegen eher toleranter: „Die Rivalität zu Dellbrück oder später Viktoria Köln war da, aber nicht so ausgeprägt, wie man das heute im Ruhrgebiet kennt. Der Kölner ist da anders. Vielleicht haben die Dellbrücker zuerst die Rivalität gesehen, aber für uns spielte das keine so wichtige Rolle. Auch nicht mit der Fortuna aus Düsseldorf", erinnert sich Jupp Röhrig, Kölns Spielgestalter der 1950er Jahre.

Auf der nationalen Ebene musste der Westen lange auf die Erfolge warten: BV Borussia Dortmund (1949) und SC Preußen Münster (1951) scheiterten jeweils im Endspiel, bevor es Rot-Weiss Essen vorbehalten war, als erste Mannschaft des Westens nach dem Zweiten Weltkrieg den Titel des Deutschen Meisters zu holen und damit die „goldenen Jahre der Oberliga West"

Karikaturen von „Curt Müller", 1952

Negativstreifen zum Spiel Fortuna Düsseldorf – BV Borussia Dortmund 1:1 (0:0), 28. Dezember 1958, 15.000 Zuschauer

Tausende von Negativstreifen wurden für „Fußball-Tage im Westen" gesichtet und letztlich nur ein Bruchteil der Fotos im vorliegenden Bildband publiziert.

einzuleiten: BV Borussia Dortmund (1956 und 1957), FC Schalke 04 (1958), 1. FC Köln (1962) und erneut BV Borussia Dortmund (1963) vervollständigten bis zum Beginn der Bundesliga die Ehrentafel der Deutschen Meister.

In der Oberliga wechselte Ende der 1950er Jahre die Vorherrschaft von der Ruhr an den Rhein. Der 1. FC Köln feierte von 1960 bis 1963 vier Westmeisterschaften in Folge – ein Rekord. Gerade dem mondän denkenden Vereinspräsidenten der Geißböcke, Franz Kremer, wurde der Westen allein zu eng. Die Bundesliga sollte endlich kommen, denn die Oberligen galten als „Auslaufmodelle". Die Attraktionen der früheren Jahre waren nicht mehr gegeben, und die Zuschauer blieben den Stadien fern, auch weil andere Freizeitmöglichkeiten entdeckt wurden. Die ständig vollen Ränge waren passé. Auch die Qualität der Mannschaften driftete weiter auseinander, und der TSV Marl-Hüls war eben kein so attraktiver Gegner wie der Hamburger SV oder der 1. FC Kaiserslautern.

Sportlich und ökonomisch waren die Oberligen Anfang der 1960er Jahre am Ende, auch wenn einige Vereinsvorsitzende gegen die Idee einer Bundesliga zu Felde zogen. Der Verlust der Volkstümlichkeit wurde prognostiziert, und die Unfinanzierbarkeit der neuen Liga durch die kleinen Vereine befürchtet. In der Bundesliga, so die Kritiker, würden bald nur noch Söldner spielen, denen der Verein egal sei. Andere sahen die zukünftigen Lohn-Fußballer als Opfer und warnten vor dem „Beginn der Sklavenzeit", so ein Kommentar in der Hamburger Wochenzeitung „Der Spiegel". Die Kritiker sollten Recht behalten – und wiederum auch nicht. Als jedenfalls 1963 mit Borussia Dortmund und dem 1. FC Köln zwei Westvertreter im Finale um die Deutsche Meisterschaft standen, glich es einem Abschied. Noch einmal hatte der Westen seine Stärke demonstriert, noch einmal setzte der BVB, die stärkste Mannschaft der Oberliga-Jahre, ein Zeichen. Aber es wurde nur noch wenig wahrgenommen, denn alle fieberten bereits der kommenden Bundesliga entgegen.

BV Borussia Dortmund – 1. FC Köln 5:3 (1:3), 8. Januar 1950, 22.000 Zuschauer

Kölns Torhüter Walter Butscheidt mit einer Parade. Genau neben beiden Torpfosten befand sich der Standardplatz der Fotografen.

Fußball und Fotografie

Fußball und Fotografie haben etwas gemeinsam: Beides sind Kunstformen des 20. Jahrhunderts. Auch wenn heute mehr der Film mit seinen „laufenden Bilder" die Dokumentationsform des modernen Fußballs ist, so bleibt die Bedeutung der Fotografie doch erhalten. Nach den Spieltagen gibt es keine Zeitung, auf deren Seiten nicht die Bilder des entscheidenden Tores, des Jubels oder der Enttäuschung zu finden sind. Dabei dienen die Fotos längst nicht nur der reinen Illustration des Ligageschehens, sondern symbolisieren emotionale Momente des Erfolgs und der Niederlage. Dem modernen Sportfotografen helfen technische Innovationen wie handhabbare Teleobjektive, Zoom und schneller Autofokus. Der Star auf dem Spielfeld in Aktion, scheinbar hautnah fotografiert. Davon konnten die Fotografen vergangener Fußball-Tage nur träumen. Ihr Standardplatz war direkt an der Außenlinie, neben oder hinter dem Tor. Für den perfekten Schnappschuss musste man ganz nah dran, manchmal sogar bis auf das Spielfeld. Dabei dominieren in den frühen Aufnahmen entweder Torszenen in der Nahaufnahme oder Bilder mit weiten Einstellungen, die das Geschehen auf dem Fußballplatz in einen räumlichen Kontext setzen. Schwierig wurde das Fotogeschäft im Winter, denn die Kleinbildfilme mit geringer Lichtempfindlichkeit gaben in der dunklen Jahreszeit nicht viel her. „Die Spiele fingen in der lichtarmen Zeit sonntags um 14.15 Uhr an, und es gab noch kein Flutlicht", erzählt der Pressefotograf Günther Jendrny. „Bereits dreißig Minuten später war es zu dunkel für gestochen scharfe Bilder. Die Kollegen haben geflucht, wenn ein Spiel lahm anfing und es zu keiner guten Szene kam. Wenn gar nichts mehr ging, konzentrierte ich mich auf die Eckbälle: Mit der 125stel Sekunde und Blende 2 genau abpassen, wenn die Spielertraube auf dem Höhepunkt des Sprungs in der Luft ‚stand', dann auslösen!", erinnert sich Jendrny an die kleinen Tricks.

Ein weiteres Problem bestand darin, die Fotos rechtzeitig zum Druckort der überregionalen Zeitungen nach Köln zu transportieren. Jendrny, der bevorzugt Westfalia Herne fotografierte, hatte dafür, wie viele seiner Kollegen auch, ein besonderes System: „Zum Glück gab es die altgediente Köln-Mindener Eisenbahnstrecke, die an vielen Städten vorbeiführte, in denen Oberligaspiele stattfanden. Diesen Zug galt es Sonntag für Sonntag auf dem Herner Bahnhof zu erreichen. Alles lief routinemäßig: Ich stellte mich auf eine ganz bestimmte Gehwegplatte des Bahnsteigs. Der Zug hielt zentimetergenau. Die Tür eines uralten Wagens ging auf und eine Hand kam zum Vorschein. Sie gehörte dem Verlagsboten, der die Strecke abfuhr. Ihm gab ich den Umschlag mit den Bildern. ‚Alles Gute bis zum nächsten Sonntag', hieß es, und der Zug dampfte ab. Aber eines Sonntags öffnete sich die bewusste Tür nicht, und der Bote saß nicht in dem Wagen, vielleicht war er krank. Aber die Bilder mussten nach Köln! Kurz entschlossen rannte ich zum Lokomotivführer und sagte ihm, er müsse die Bilder unbedingt in Köln abgeben, denn es seien die Photos von Westfalia Herne für den

Helmut Rahn, August 1956

‚Kicker' und den ‚Fußballsport'. Am nächsten Tage habe ich mir die Zeitungen am Kiosk gekauft und tatsächlich: Meine Bilder waren drin."

Geblieben sind dem Fotografen im Ruhestand die Erinnerungen, aber kaum noch Fotos. Sein eigenes Bildarchiv der Oberliga West fiel einem Redaktionsumzug zum Opfer. „Ich hatte alle Fototaschen säuberlich verzeichnet in einem Aktenschrank sortiert und irgendwann muss den mein Nachfolger komplett weggeschmissen haben", seufzt Jendrny über den Verlust. Zum Glück ist dieses Schicksal dem Nachlass seines Kollegen Kurt Müller aus der Nachbarstadt Gelsenkirchen erspart geblieben.

Das Foto-Archiv Kurt Müller

Kurt Müller (*1907 – †1987) lernte das fotografische Handwerk bei seinem Vater Karl, einem Industriefotografen. Ab Mitte der 1930er Jahre machte sich Kurt Müller selbständig und arbeitete für verschiedene Zeitungen und Verlage vor allem im Raum Gelsenkirchen. Bereits in den 1930er Jahren begleitet er den FC Schalke 04 zu den großen Endspielen nach Berlin. Es wird erzählt, Müller habe in einem Flugzeug ein Minilabor installiert, um auf dem Rückflug nach einem Schalke-Endspiel seine Filme entwickeln und den Zeitungsredaktionen daheim bereits die fertigen Bilder anbieten zu können. Erhaltene Aufnahmen aus der großen Zeit des „Schalker Kreisels" belegen jedenfalls seine Tätigkeit.

Mit Beginn der Oberliga West 1947 scheint sich Müller endgültig auf Sportfotografie spezialisiert zu haben. Vorerst war sein regionales Betätigungsfeld allerdings noch stark begrenzt: Selten fotografierte er außerhalb des Ruhrgebiets. Mitte der 1950er Jahre vergrößerte er sein Familienunternehmen durch mehrere Hilfsfotografen, die er speziell an Wochenenden zu den Spielen der Oberliga und der 2. Liga West einsetzte. Den Fußballern seiner Zeit ist er besonders in Erinnerung geblieben, weil er neben Fotos auch unter dem Namen „Curt Müller" Karikaturen anfertigte, die in Zeitungen wie „Der Fußball-Sport – Das führende Fachblatt des Westens", dem „Sport-Beobachter" oder in diversen Fußball-Jahrbüchern erschienen. Ende der 1970er Jahre setzte er sich zu Ruhe, und die Vestische Gruppe der Industrie- und Handelskammer erwarb sein Archiv. Im Jahr 2006 ging die Sammlung in den Besitz des Instituts für Stadtgeschichte Gelsenkirchen über. Dort wird die Sammlung, die weit über den Sport hinausgeht und auch für die Lokal- und Regionalgeschichte bisher unentdecktes Foto-Material bietet, gesichtet, verzeichnet und unter konservatorischen Gesichtspunkten archiviert. Maßnahmen, die leider für einen Teil des Nachlasses zu spät kamen. Etliche Negativstreifen waren bis zur Unkenntlichkeit chemisch miteinander reagiert, so dass ganze „Monate" als Giftmüll entsorgt werden mussten. Dazu kommen noch weitere Verluste durch Privatsammler, die sich in einer Form des modernen Raubrittertums aus dem ungesicherten Nachlass „bedient" haben. Zudem haben die vorhandenen Negative erhebliche Qualitätsverluste durch jahrzehntelange unsachgemäße Lagerung erlitten. Viele Negativserien wurden bereits von Kurt Müller unzureichend verzeichnet und da

Ernst Kalwitzki, 1938

Ein Foto aus der Zeit der 1930er Jahre. In dieser Zeit begann die Arbeit Kurt Müllers als Sportfotograf, allerdings sind nur noch wenige dokumentierte Spiele erhalten.

es keine von ihm erstellte Gesamtübersicht gibt, stellte die genaue Datierung und Registrierung der Fotoserien ein erhebliches Problem dar.

„Fußballtage im Westen"

Der vorliegende Bildband zur Oberliga West wurde chronologisch konzipiert: von den Anfängen der Liga 1947 bis zu dem letzten Spieltag 1963. Örtliche und chronologische Lücken, die in der Sammlung Kurt Müller aus bereits genannten Gründen vorhanden sind, wurden, wenn möglich, durch andere Quellen kompensiert. Zur inhaltlichen Ergänzung der Fotos wurden Interviews mit vielen Zeitzeugen geführt. Vier Gesprächspartner kommen in diesem Buch ausführlich zu Wort, andere finden ihre Erinnerungen in den Bildunterschriften wieder. Gedankt sei allen.

Eine gewisse Konzentration auf die Spitzenspiele und die „Stars" der Oberliga, wie Hans Schäfer, Berni Klodt und Helmut Rahn, ergibt sich schon durch das vorhandene Material. Natürlich reagierte auch der Pressefotograf Kurt Müller auf die Popularität von bestimmten Spielern und Mannschaften. Zudem ergibt sich gerade in den ersten zehn Jahren eine Dominanz von Strafraumszenen, die einfach zu begründen ist: Der Fotograf stand neben dem Tor und konnte nur das „scharf" fotografieren, was praktisch genau vor seiner Kamera passierte. Da aber im alten „WM-System" die Positionen der Spieler auf dem Feld relativ festgelegt waren, tauchen zum Beispiel Mittelläufer nur selten im gegnerischen Strafraum auf. Ein Stürmer wie Adi Preißler ist also allein wegen seiner Position im Sturmzentrum viel häufiger im Bild als ein Mittelfeldstratege wie Max Michallek. Erst mit der Einführung der Teleobjektive, erste Versuche startete Kurt Müller bereits zu Beginn der 1950er Jahre, relativiert sich dieses Verhältnis.

Der Start der Oberliga West im September 1947 liegt über sechzig Jahre zurück. Viele Geschichten über legendäre Spiele, kuriose Ereignisse und kantige Typen wurden bereits erzählt. Allerdings fällt bei der Durchsicht der vorhandenen Literatur auf, dass gerade für das erste Jahrzehnt der Liga bisher immer die gleichen Fotos publiziert wurden. Mit den Bildern aus der Sammlung Kurt Müller betritt dieses Buch Neuland: Viele der Fotos werden erstmals publiziert, und die Geschichten, die bisher erzählt wurden, erhalten nun erstmals ihre „bildhafte" Umsetzung.

„Die Welt ist zwar kein Fußball, aber im Fußball, das ist kein Geheimnis, findet sich eine ganze Menge Welt", schrieb einst der Schriftsteller Ror Wolf. Und diese „ganze Menge Welt" in Form von Geschichten, Erinnerungen und gefühlter Identität findet sich auch in den „Portraits" der Fußballtage im Westen wieder – als Hommage an die Oberliga West, die zum historischen Gedächtnis dieser Region gehört.

1
**FC Schalke 04 – Sportfreunde Katernberg 2:4 (2:0),
18. April 1948, 25.500 Zuschauer**

„Katernberg – oder das Rennen des Außenseiters" lautete im Dezember 1947 die Überschrift des „Herner Sport-Kuriers". Als unbeschriebenes Blatt gestartet, verteidigte die Elf aus dem Essener Norden nahe der Zeche Zollverein monatelang die Tabellenführung in der neuen Oberliga West. Erst drei Spieltage vor Schluss musste man Borussia Dortmund die Tabellenspitze überlassen.

Gerade vor dem heimischen Publikum auf dem Aschenplatz am Lindenbruch (die Rasenplatz-Vorschrift trat erst mit Beginn der nächsten Saison in Kraft) ließen alle etablierten Vereine Punkte. „So hautnah wie am Lindenbruch spielte man sonst nirgendwo am gegnerischen Publikum. Wer in Katernberg gewann, hätte eigentlich einen Zusatzpunkt verdient gehabt: für die Nerven", erinnert sich Erkenschwicks „Jule" Ludorf.

Die Sportfreunde als Vizemeister des Westens in der Schalker Glückauf-Kampfbahn (v.li.): Hermann Winzler, Helmut Penting, Werner Pisarski, Wilhelm Koschinski, Paul Mieloszyk, Otto Majewski, Trainer Küter; (kniend) Heinz Kubsch, Franz Rynkowski, Werner Kurz und Werner Ruppel.

Die Torjäger der Saison 1947/48

August Lenz (BV Borussia Dortmund)	22
Alfred Kelbassa (STV Horst-Emscher)	20
Julius Ludorf (SpVgg. Erkenschwick)	17
Siegfried Rachuba (SpVgg. Erkenschwick)	15

Die Saison 1947/48

OBERLIGA WEST 1947/1948	Bor. Dortmund	Spfr. Katernberg	STV Horst-Emscher	Hamborn 07	RW Oberhausen	FC Schalke 04	Fort. Düsseldorf	SpVgg. Erkenschwick	Alem. Aachen	TSG Vohwinkel 80	Preußen Dellbrück	VfR Köln	VfL Witten	Tore	Punkte
1. Bor. Dortmund	•	3:0	7:1	2:0	2:0	1:0	2:0	2:1	2:1	5:0	8:0	6:0	3:1	62:22	36:12
2. Spfr. Katernberg	2:0	•	2:2	3:2	2:1	2:0	3:0	3:2	4:1	2:0	1:0	2:0	1:1	47:30	34:14
3. STV Horst-Emscher	2:4	2:2	•	1:1	2:5	3:1	1:0	1:4	1:0	5:1	4:2	0:0	3:0	55:43	29:19
4. Hamborn 07	3:1	2:1	2:1	•	0:2	2:2	2:1	3:1	2:1	4:0	3:1	2:0	5:0	40:29	28:20
5. RW Oberhausen	1:0	2:2	2:2	0:1	•	0:3	0:2	3:2	6:1	1:1	1:1	2:0	2:1	43:32	27:21
6. FC Schalke 04	1:1	2:4	0:1	1:0	0:2	•	1:3	1:2	3:0	6:2	4:2	0:0	1:1	40:35	24:24
7. Fort. Düsseldorf	0:2	2:2	1:1	1:1	3:1	1:1	•	5:4	0:0	3:0	4:2	1:2	3:1	41:41	24:24
8. SpVgg. Erkenschwick	0:3	0:2	4:1	2:2	1:5	0:2	2:1	•	3:2	4:2	1:3	3:2	3:0	48:48	21:27
9. Alem. Aachen	3:2	0:2	1:4	1:1	1:0	1:3	1:1	0:5	•	2:1	3:1	3:2	3:2	29:46	21:27
10. TSG Vohwinkel 80	1:2	2:0	2:2	2:1	0:1	2:1	3:2	2:0	0:0	•	0:1	6:0	4:1	33:48	19:29
11. Preußen Dellbrück*	1:1	2:1	1:8	1:1	3:1	1:1	2:3	2:2	0:2	3:0	•	1:2	4:1	37:55	19:29
12. VfR Köln*	3:1	0:1	0:1	2:0	2:1	2:3	1:3	1:1	0:0	1:1	1:3	•	1:1	23:43	17:31
13. VfL Witten*	1:2	1:5	1:6	2:0	0:1	2:3	6:1	2:1	1:2	1:1	2:0	1:1	•	30:56	13:35

Die neue Oberliga West wurde für zwölf Mannschaften konzipiert. Aufgrund von Ungereimtheiten bei Meisterschaftsspielen im Bezirk Mark, klagte sich jedoch die TSG Vohwinkel 08 nachträglich in die neue Spielklasse ein, so dass im September 1947 13 Mannschaften den Spielbetrieb aufnahmen. Am Saisonende musste der dritte Absteiger in einem Entscheidungsspiel zwischen dem TSG Vohwinkel 80 und dem SC Preußen Dellbrück geklärt werden. Nach drei Unentschieden (1:1 n.V., 0:0 n.V., 0:0 keine Verlängerung wegen zu großer Hitze) setzte sich Vohwinkel mit einem 1:0-Sieg im vierten Spiel durch.

2

Zuschauer auf dem Weg zur Schalker Glückauf-Kampfbahn, Oktober 1947

Die Oberliga erwies sich schnell als Zuschauermagnet: Zu Fuß, auf Fahrrädern, per Straßenbahn oder mit angemieteten Lastwagen besuchten über 1,1 Millionen Zuschauer die 156 Spiele, durchschnittlich rund 14.000 Zuschauern pro Spiel.

3
FC Schalke 04 – BV Borussia Dortmund 1:1 (0:1), 21. September 1947, 25.000 Zuschauer

In der neuen Oberliga prägten noch Spieler der Vorkriegszeit das Geschehen: Torhüter Hans Klodt und Verteidiger Otto Schweisfurth, beide mehrfach Deutscher Meister mit Schalke 04, im Kampf um den Ball mit Adi Preißler. Links lauert Dortmunds Alt-Internationaler August Lenz, der sich die Torjägerkrone holte.

4
FC Schalke 04 – Alemannia Aachen 3:0 (0:0), 7. März 1948, 17.000 Zuschauer

Die Mannschaften beim Einlauf: Aachen wird angeführt von Reinhold Münzenberg, WM-Teilnehmer 1934 und 1938, und Torhüter Wilfried Heinrichs, die Knappen von Ernst Kuzorra.

5

FC Schalke 04 – SpVgg. Erkenschwick 1:2 (0:1), 5. Oktober 1947, 15.000 Zuschauer

Nach einem 5:0-Sieg auf dem Aachener Tivoli ging die SpVgg. als „erster Erster" in die Annalen der Oberliga West ein. Torhüter Heinz Cichutek (im Bild) erzählte über die Rückfahrt aus Aachen: „In der Bahn war ein Polizist, der kam dann in unseren Waggon und fragte: ‚Ihr seid die Erkenschwicker? Ich habe euch in Aachen spielen sehen. Jungens, euch gehört der Himmel!'"

Zum Erkenschwicker Sieg in Schalke notierte der „Herner Sport-Kurier" vom 6. Oktober 1947 unter der Überschrift „Vom Lehrling geschlagen": „Eine Niederlage von Schalke ist heute keine Sensation mehr und wird es bis auf weiteres nicht mehr sein."

6

Programmheft „Die Westdeutsche Oberliga", 1947

Die Saison 1947/48

7
**FC Schalke 04 – Sportfreunde Katernberg 2:4 (2:0),
18. April 1948, 25.500 Zuschauer**

Die Schalker Glückauf-Kampfbahn spielte für die Sportfreunde in ihrer legendären Saison eine besondere Rolle: Durch einen 4:2-Sieg über Schalke unterstrichen sie am letzten Spieltag eindrucksvoll ihre Vizemeisterschaft. Aber nur zwei Wochen später unterlag man an gleicher Stelle im Kampf um die Britische Zonenmeisterschaft dem TSV Braunschweig mit 1:2.

Schalkes Erich Matzek erzielt per Kopf die Führung, Torhüter Kubsch streckt sich vergeblich.

8

SC Preußen Dellbrück – TSG Vohwinkel 80 3:0 (1:0), 18. April 1948, 12.000 Zuschauer

(Foto links) Der Sportplatz „Et Höffge" im Kölner Vorort Dellbrück platzte beim letzten Meisterschaftsspiel gegen Vohwinkel 08 aus allen Nähten. Der junge Dellbrücker Torhüter Fritz Herkenrath sichert sich den Ball.

(Foto unten) Die Zuschauer rücken mit Leitern an, um sich eine Sicht auf das Spielfeld zu verschaffen. Der Radio-Reporter Kurt Brumme (rechts oben im Bild) überträgt die Partie vom Dach eines Autobusses für den NWDR.

Durch den 3:0-Sieg über Vohwinkel musste die Abstiegsfrage zwischen den beiden punktgleichen Vereinen in einem Entscheidungsspiel geklärt werden, aus denen derer vier wurden, inklusive Verlängerungen. Erst nach fast zwei Monaten und 450 Minuten sicherte sich Vohwinkel den Klassenerhalt. „Alle waren froh, dass es endlich vorbei war", erzählt Jean Paffrath, damaliger Mannschaftskapitän der Preußen.

9
**FC Schalke 04 – Fortuna Düsseldorf 1:3 (1:1),
19. Oktober 1947, 22.000 Zuschauer**

Die beiden Altmeister des Westens enttäuschten in der ersten Oberliga-Saison. Es zeichnete sich ab, was in den folgenden Jahren deutlich werden sollte: Beide früheren Spitzenklubs verloren den Anschluss an die westdeutsche Fußball-Elite.

Heini Kwiatkowski mit einer Flugparade. Der „Schalker Junge" sollte später in Dortmund seine größten Erfolge feiern.

1

VfR Mannheim – BV Borussia Dortmund 3:2 n.V. (0:1, 2:2), Endspiel um die Deutsche Meisterschaft, Stuttgart, 10. Juli 1949, 92.000 Zuschauer

Der Rahmen des Endspiels 1949 ließ das kommende Wirtschaftswunder erahnen: Stuttgart war im Endspielfieber. Bereits von Samstag an zogen Tausende von Anhängern durch die Schwabenmetropole, die des Abends in ein Lichtermeer getaucht schien. „Ein neuer Stern ist aufgeflammt im Fußballwesten. Er leuchtet gelb wie viele Sonnen. Ballspielverein Borussia 09 Dortmund so ist sein Name", heißt es im „Fussball-Jahrbuch 1948/49" über den Aufstieg des BVB zum dominierenden Verein der jungen Oberliga West. Wieder hatte sich die Mannschaft die Westmeisterschaft gesichert und dabei alle Konkurrenten – inklusive Altmeister Schalke 04 – um Längen distanziert. Das Kraftzentrum des westfälischen Fußballs war vom Schalker Markt zum Borsigplatz gewandert. Nun stand der BVB als erster Verein des Westens nach dem Krieg in einem Endspiel um die Deutsche Meisterschaft.

Kapitän Paul Koschmieder führt gefolgt von Günter „Bubi" Rau und Max Michallek seine Elf ins Neckarstadion, daneben Mannheims Kapitän Philipp Henninger.

Die Torjäger der Saison 1948/49

Alfred Preißler (BV Borussia Dortmund)	25
Alfred Kelbassa (STV Horst-Emscher)	16
Friedel Weghorst (SC Preußen Münster)	16
August Gottschalk (Rot-Weiss Essen)	15
Winand Mohren (Rhenania 05 Würselen)	15
Siegfried Rachuba (SpVgg. Erkenschwick)	15

Die Saison 1948/49

OBERLIGA WEST 1948/49	Bor. Dortmund	RW Essen	STV Horst-Emscher	Preußen Münster	RW Oberhausen	Hamborn 07	TSG Vohwinkel 80	Alem. Aachen	SpVgg. Erkenschwick	Rhenania Würselen	Fort. Düsseldorf	FC Schalke 04	Spfr. Katernberg	Tore	Punkte
1. Bor. Dortmund (M)	•	3:3	2:2	3:2	1:0	5:0	3:1	8:1	4:2	2:1	3:1	5:2	8:1	79:30	38:10
2. RW Essen (N)	5:3	•	0:0	1:0	2:0	3:0	0:0	3:1	2:2	3:0	3:0	1:1	1:2	39:22	30:18
3. STV Horst-Emscher	0:1	0:2	•	1:3	1:0	6:1	2:2	2:2	6:0	6:1	2:1	4:2	0:1	51:40	27:21
4. Preußen Münster (N)	0:4	2:1	4:0	•	0:3	1:2	0:2	1:1	2:1	2:1	1:0	0:0	1:1	33:35	25:23
5. RW Oberhausen	2:3	0:0	5:0	1:1	•	2:1	2:3	0:3	4:0	1:0	2:2	0:1	6:1	36:25	24:24
6. Hamborn 07	0:0	1:2	1:2	0:0	1:1	•	4:2	2:1	5:1	1:1	3:0	4:1	2:1	40:44	24:24
7. TSG Vohwinkel 80	4:0	2:1	1:4	2:1	1:0	4:1	•	2:3	6:3	1:1	1:2	2:1	2:1	41:45	23:25
8. Alem. Aachen	2:0	1:1	3:1	0:0	0:0	1:0	4:0	•	0:1	1:5	0:3	1:1	3:0	33:39	23:25
9. SpVgg. Erkenschwick	0:4	1:1	2:3	3:0	2:0	5:2	2:1	0:3	•	5:1	3:1	0:2	4:0	42:53	21:27
10. Rhenania Würselen (N)	0:8	1:0	1:1	1:3	0:2	1:2	2:1	3:0	3:1	•	1:2	3:2	2:1	33:48	21:27
11. Fort. Düsseldorf*	0:7	1:1	3:2	3:4	1:3	3:2	2:0	2:1	0:0	0:0	•	1:3	3:0	31:45	20:28
12. FC Schalke 04	0:1	0:2	1:4	3:3	0:0	0:2	5:1	0:0	0:2	2:3	2:0	•	1:2	33:43	18:30
13. Spfr. Katernberg*	1:1	1:1	1:2	1:2	1:2	1:3	1:0	4:1	3:2	1:1	1:0	2:3	•	29:51	18:30

2

Zuschauer in der Schalker Glückauf-Kampfbahn, Juli 1949

Angesichts der sportlichen Misere des FC Schalke 04 in der Saison 1948/49 war die Glückauf-Kampfbahn nur selten so gut gefüllt wie bei dem Freundschaftsspiel gegen den SC Wien im Juli 1949.

Auf fremden Plätzen blieben die Knappen weiterhin der Zuschauermagnet „Nummer Eins". Die Westfalenpost schrieb über dieses Phänomen: „Man kann außerhalb des Westens einfach nicht begreifen, dass Schalke so abgefallen sein soll."

3

**SpVgg. Erkenschwick – Alemannia Aachen 0:3 (0:2),
13. Februar 1949, 8.000 Zuschauer**

Reinhold „Der Eiserne" Münzenberg im Zentrum der Alemannia Abwehr – assistiert von Verteidiger Willi Kölling (li.) und Torhüter Wilfried Heinrichs.

Reinhold Münzenberg, zwischen 1930 und 1939 41facher Nationalspieler, war einer der besten Verteidiger seiner Zeit und vor allem aufgrund seiner „englischen Spielweise" berüchtigt: kopfballstark, hart, rustikal, aber fair. „Ich habe niemand geschont", sagte er später. 1951 beendete die Aachener Legende mit 42 Jahren seine Karriere.

4
**STV Horst-Emscher – BV Borussia Dortmund 0:1 (0:0),
13. März 1949, 30.000 Zuschauer**

Dortmunds Torhüter Willi Kronsbein im Fürstenbergstadion im Gelsenkirchener Stadtteil Horst, das mitten im Siedlungskern der Horster Mark lag. Fußball, Maloche und Wohnen bildeten hier eine kulturelle Einheit – dominiert von der Zeche Nordstern. Als das Stadion im zweiten Jahr der Oberliga West eine Rasendecke benötigte, 1947/48 war noch auf Asche gespielt worden, griffen Spieler und Anhänger selbst zum Spaten.

5
Sportfreunde Katernberg – Alemannia Aachen 4:1 (3:1), 20. März 1949, 10.000 Zuschauer

Seltener Torjubel in Katernberg: Paul Mieloszyk und Franz Rynkowski schauen dem Ball hinterher, während Aachens Verteidiger zu spät kommen. An zwei Seiten war das Stadion „Am Lindenbruch" von Eisenbahnlinien umgrenzt und manchmal blieben die Nahverkehrszüge stehen, damit Lokführer und Passagiere das Spiel verfolgen konnten.

Nach der Vizemeisterschaft im Vorjahr – noch auf dem alten Aschenplatz – konnte auf dem neuen Rasenplatz im Essener Norden der Abstieg nicht verhindert werden. Der Legende nach flogen „Am Lindenbruch" dem gegnerischen Torwart an so manchen Tagen statt gefährlicher Schüsse die neu verlegten Rasenstücke um die Ohren.

6
**STV Horst-Emscher – Alemannia Aachen 2:2 (1:1),
10. April 1949, 10.000 Zuschauer**

Ein Aachener Spieler wird verletzt vom Platz getragen. Aufgrund ihrer gestreiften Trikots nannte man die Alemannen im Ruhrgebiet „Die Kartoffelkäfer".

Die Saison 1948/49

8

FC Schalke 04 – Fortuna Düsseldorf 2:0 (0:0), 28. November 1948, 9.000 Zuschauer

Das Ereignis der Saison 1948/49 war nicht die erneute Westmeisterschaft des BVB, sondern der verzweifelte Abstiegskampf der Altmeister Fortuna Düsseldorf und Schalke 04. Beide Mannschaften konnten den Generationswechsel nicht erfolgreich bewerkstelligen und standen am Saisonende auf einem „nominellen" Abstiegsplatz.

Fortuna angeführt vom Alt-Internationalen Paul Janes (Mitte) und Torhüter Josef Gesell. Rechts in Zivil stehend Ernst Kuzorra, der schon 43 Jahre alt war, als er am 16. Januar 1949 gegen Rhenania Würselen zum letzten Mal auflief.

7

Rot-Weiss Essen – BV Borussia Dortmund 5:3 (3:2), 27. März 1949, 27.000 Zuschauer

Während der BVB an der Essener Hafenstraße schon drei Wochen vor Saisonende als Westmeister geehrt wurde, konnte der Aufsteiger Rot-Weiss, beheimatet im Arbeiterstadtteil Bergeborbeck, überraschend die West-Vizemeisterschaft feiern.

Vor der alten Holztribüne klärt Mittelläufer Günther Karger vor Dortmunds Mittelstürmer Ede Kasperski – im Hintergrund sind an den Häusern der Hafenstraße noch die Kriegsschäden zu erkennen.

9
STV Horst-Emscher, Februar 1949

Unterstützt von der Zeche Nordstern gehörten die Emscher-Husaren zu den erfolgreichen Vorortvereinen in der Anfangszeit der Oberliga West. Zeitweise waren die Horster sogar die „Nummer Eins" in Gelsenkirchen – vor Schalke 04.

Mit der Einführung des Vertragsfußballs zur Saison 1949/50, Fußballer konnten von nun an erstmals zwischen 180 und 320 Mark monatlich an Gehalt beziehen, verschwanden die Zechenklubs langsam aus der Spitze der Oberliga West. Die Zechenleitungen, die zuvor mit Arbeitsplätzen, Materialien und Wohnungen ihre Vereine unterstützen, waren nicht bereit, im großen Maße in den Fußball zu investieren. So hatten die Vereine zwar eine Zeche, aber keine „Kohle".

Anfang der 1950er Jahre fiel die Horster Mannschaft auseinander, da die Leistungsträger von Großvereinen abgeworben wurden.

Der STV (v.li.): van Burgh, Heinrich Mäusezahl, Erich Wieding, Alfred Kelbassa, Karl Rohmann, Alfred Mikuda, Ewald Wischner, Berni Klodt, Kurt Sahm, Heinz Zielinski und Fritz Sense.

Die Saison 1948/49

10

**FC Schalke 04 – Bayer Leverkusen 1:0 (1:0),
Qualifikationsrunde zur Oberliga West, 7. August 1949,
Stadion am Flinger Broich, Düsseldorf, 20.000 Zuschauer**

Als Schalke 04 und Fortuna Düsseldorf absteigen sollten, brauchte man eine Idee. Die Einführung des Vertragsfußballs stand vor der Tür und ausgerechnet zu diesem Zeitpunkt sollte der Westen ohne die beiden Traditionsvereine in das neue Kickerzeitalter starten? Nach wochenlangen Diskussionen beschloss der Verband die Aufstockung der Oberliga West auf 16 Vereine.

Die Schalker Knappen konnten in der Qualifikationsrunde die Liga halten, während Fortuna trotzdem den Gang in die 2. Liga West antreten musste. Auf dem Foto setzt sich Schalkes Walter Zwickhofer, gemeinsam mit Mannschaftskapitän Hermann Eppenhoff erst im April 1949 aus russischer Kriegsgefangenschaft zurückgekehrt, gegen Leverkusens Torhüter Rennen durch.

11

Otto Tibulsky in der Gaststätte der Glückauf-Kampfbahn, August 1949

„Ötte" Tibulsky, vierfacher Deutscher Meister und hinter Szepan und Kuzorra jahrelang der „dritte Mann" im Gefüge des Schalker Kreisels, beendete im Dezember 1948 nach einem Schienbeinbruch seine Karriere. Anschließend übernahm er als Kneipier die Gaststätte in der Glückauf-Kampfbahn und blieb Dreh- und Angelpunkt des Schalker Vereinslebens.

12

BV Borussia Dortmund – 1. FC Kaiserslautern 4:1 (2:0), Halbfinale um die Deutsche Meisterschaft (Wiederholungsspiel), 3. Juli 1949, Müngersdorfer Stadion, Köln, 60.000 Zuschauer

Im Kampf um die ‚Deutsche' kam es für viele bereits im Halbfinale zum vorweggenommenen Endspiel: Borussia traf auf den Südwest-Meister 1. FC Kaiserslautern. Das erste Spiel in München endete nach 120 Minuten torlos, so dass ein Wiederholungsspiel notwendig wurde.

In Köln erwischte der BVB dann einen Traumtag. „Durch eine Leistung, die man schlechthin grandios nennen muss", so die Sportzeitung „Der neue Start", schossen sich die Schwarz-Gelben in einem temperamentvollen Spiel mit 4:1 ins Endspiel.

Dortmunds Torhüter „Bubi" Rau stoppt das runde Leder Zentimeter vor der Torlinie.

Die Saison 1948/49

13
FC Schalke 04 – SpVgg. Erkenschwick 0:2 (0:0),
23. Januar 1949, 10.000 Zuschauer

Günter Brocker, der Ende der 1940er Jahre bei Duisburg FV 08 spielte und später zu Schalke 04 wechseln sollte, erinnert sich in einem Gespräch an den Ruf der „Schalker Knappen" in der Nachkriegszeit:

„Ich will gerne glauben, dass diese Halluzinationen, diese Hirngespinste nachgelassen haben, Kuzorra oder Szepan überhaupt angreifen zu dürfen. Je größer der Abstand wurde, desto mehr ließ das nach. Und Borussia Dortmund zog gleich, nicht zuletzt wegen Persönlichkeiten wie Adi Preißler und Max Michallek. Was aber nicht aufhörte, war dieser Mythos von Schalke 04. Man kann es heute nicht mehr fassen, aber ‚Schalke kommt', das war in der Woche vor dem Spiel ein auslösendes Moment. Menschen kamen hundert Kilometer mit dem Fahrrad angefahren, um Schalke zu sehen. Es waren nicht mehr die Zeiten von Urban, Gellesch, Tibulsky, Kalwitzki und wie sie alle hießen. Diese unantastbare und wunderschön spielende Truppe, die ihren Kreisel spielte. Sie waren Vergangenheit, aber der Ruf dauerte an und machte uns Spielern schwer zu schaffen, da jeder gegen uns die Ärmel besonders hochkrempelte."

14

Endspiel um die Deutsche Meisterschaft 1949, Stuttgarter Neckarstadion, 10. Juli 1949, 92.000 Zuschauer

Wirtschaftswunder und Fußballbegeisterung gingen in der jungen Bundesrepublik Hand in Hand. Das Endspiel 1949 wurde zu einem eindrucksvollen Schauspiel des gesellschaftlichen Umbruchs, wie die Reportage der Zeitung „Der Fußball-Sport" vom 11 Juli 1949 feststellt:

„S t u t t g a r t! Stand je eine Stadt so im Banne eines Fußballspiels? Nein. Fasst möchte man glauben, es sei des Guten zu viel geschehen! ‚Schleppt Wein herbei und Kaviar! Heut soll ein Fest des Volkes sein!' Der Lichterglanz in der Stadt ist beispiellos. Glühlampengirlanden auf den Hauptstraßen lassen die Nacht zum Tage werden. Alle staatlichen Gebäude sind illuminiert! Die Kinos spielen die Nacht durch. Die Restaurants haben keine Feierstunde. Von den Höhen in der Nacht dieser Glühlampengruß ins Tag. Fahnen, Fahnen grüßen. Stuttgart kennt keine Nacht an diesem Vorabend des Spiels. (...)

Stuttgart im Endspieltaumel! Die neuen DFB-Farben flattern neben der neuen Bundesflagge. Das Bild ist imposant. Die Nottribüne mit den Zehntausenden ragt bis 28 m hoch in die Luft. Der Film und die Fotografen stehen schussbereit. Ein Hubschrauber schwebt schon in der Nähe des Platzes, um den Ball abzuwerfen. Es ist eine Atmosphäre wie nie zuvor bei einem Endspiel in der Vergangenheit."

15

VfR Mannheim – BV Borussia Dortmund 3:2 n.V. (0:1, 2:2), Endspiel um die Deutsche Meisterschaft, Stuttgart, 10. Juli 1949, 92.000 Zuschauer

„Pat" Koschmieder und Mannheims Linksaußen Rudolf de la Vigne im Laufduell. Im Hintergrund ist neben der Haupttribüne die Stahlrohrkonstruktion der Behelfstribünen erkennbar.

Die Saison 1948/49

16

VfR Mannheim – BV Borussia Dortmund 3:2 n.V. (0:1, 2:2), Endspiel um die Deutsche Meisterschaft, Stuttgart, 10. Juli 1949, 92.000 Zuschauer

„Unbarmherzige Sonne! Wo sie stehen, sinken die Spieler bei Spielunterbrechungen zu Boden. Freund und Feind, blaue und gelbe Trikots, bunt durcheinander. So malte Velasquez seine Schlachtenbilder", beschrieb der Journalist Gerd Krämer das Endspiel-Szenario in seinem Buch „An Tagen, da das Endspiel war".

(oben) Herbert Erdmann (re.) erzielte mit seinem zweiten Treffer acht Minuten vor Schluss die Dortmunder 2:1-Führung, Ede Kasperski eilt zum Jubeln herbei. Aber die Dortmunder Meisterfreude kam zu früh, denn Mannheim konnte noch einmal ausgleichen und in der Verlängerung den 3:2-Siegtreffer erzielen.

(unten) Nach der Hitzeschlacht: Dortmunds Erich Schanko (li.) wird von Mannheims Rudi Meier getröstet; zwischen ihnen – im Hintergrund – Mannheims Trainer „Bumbas" Schmidt.

1

**SpVgg. Erkenschwick – SC Preußen Dellbrück 1:0 (0:0),
29. Oktober 1950, 6.000 Zuschauer**

In der Spielzeit 1949/50 drängte sich neben Abonnementsmeister Borussia Dortmund eine bisher unbekannte Elf aus einem Kölner Vorort nach vorne: der SC Preußen Dellbrück.

Der Aufsteiger fügte auch dem BVB die erste Heimniederlage in der Geschichte der Oberliga West bei. Am 2. April 1950 siegte Dellbrück durch ein Tor von Kurt Hardt in der 89. Minute mit 1:0 in der Kampfbahn Rote Erde.

Die frierenden Preußen mit Heinz Schlömer, Jean Paffrath, Toni Poppelreuter, Fritz Herkenrath, dessen Soldatenmütze im ganzen Westen bekannt wurde, Herbert Dörner, Hannes Höher, Hans Stobba, Karl Habets, Hermann Drost und Werner Fischer. Erkenschwick wird angeführt von Willi Jürissen, Jule Ludorf und Kalli Matejka.

Die Torjäger der Saison 1949/50

Alfred Preißler (BV Borussia Dortmund)	24
Hans Kleina (Rot-Weiss Essen)	20
Winand Mohren (Rhenania Würselen)	19
Alfred Kelbassa (STV Horst-Emscher)	18
Hans Schäfer (1. FC Köln)	17
Willi Koll (Duisburger SV)	17
Julius Ludorf (SpVgg. Erkenschwick)	17

Die Saison 1949/50

OBERLIGA WEST 1949/50	Bor. Dortmund	Preußen Dellbrück	RW Essen	STV Horst-Emscher	1. FC Köln	FC Schalke 04	SpVgg. Erkenschwick	Preußen Münster	Hamborn 07	Duisburger SV	RW Oberhausen	Alem. Aachen	Rhenania Würselen	TSG Vohwinkel 80	Arminia Bielefeld	Duisburger FV 08	Tore	Punkte
1. Bor. Dortmund (M)	•	0:1	4:1	2:0	5:3	5:1	2:0	3:1	4:1	7:0	5:1	1:0	2:0	3:2	1:0	5:2	76:36	43:17
2. Preußen Dellbrück (N)	0:1	•	2:0	3:1	1:1	2:2	3:1	2:0	4:1	2:0	2:1	3:2	4:1	3:0	1:0	3:0	55:41	39:21
3. RW Essen	2:1	2:1	•	1:3	3:0	5:1	3:0	2:1	3:5	4:1	3:0	5:0	5:3	4:1	4:2	5:0	78:47	38:22
4. STV Horst-Emscher	2:1	1:1	0:0	•	2:2	2:1	0:1	4:0	1:1	8:2	6:1	7:0	1:0	5:1	3:1	3:0	62:35	37:23
5. 1. FC Köln (N)	3:1	2:0	2:1	4:0	•	1:0	2:1	1:1	4:0	2:3	1:2	3:0	2:0	2:0	4:2	6:2	61:39	37:23
6. FC Schalke 04	2:1	3:2	4:2	2:1	1:2	•	4:0	0:0	1:0	4:1	5:2	1:0	3:1	1:0	3:0	2:0	65:55	37:23
7. SpVgg. Erkenschwick	2:1	1:0	1:1	2:0	1:0	3:3	•	3:2	5:1	4:1	1:1	0:1	3:0	4:1	3:0	1:1	49:42	34:26
8. Preußen Münster	0:2	6:0	0:4	0:1	1:1	8:1	3:1	•	3:2	1:0	4:0	1:1	2:0	2:2	5:0	3:0	53:42	28:32
9. Hamborn 07	1:1	4:1	1:2	1:3	4:1	3:2	0:0	1:1	•	3:1	1:2	0:0	2:0	1:1	7:3	1:0	50:55	28:32
10. Duisburger SV (N)	1:1	2:4	2:1	1:1	1:1	1:4	0:0	5:2	2:2	•	3:2	4:0	0:1	4:0	2:0	2:1	51:65	27:33
11. RW Oberhausen	5:3	0:0	2:2	0:0	0:3	2:4	3:1	1:0	1:1	1:1	•	1:1	1:0	4:0	6:0	1:0	46:60	27:33
12. Alem. Aachen	2:2	2:0	3:1	0:1	3:2	3:1	2:2	2:1	2:0	3:3	0:3	•	1:1	2:2	2:2	2:1	37:56	27:33
13. Rhenania Würselen*	1:3	3:3	2:1	1:1	2:0	2:0	2:3	1:0	2:3	4:3	4:1	2:0	•	2:2	0:0	5:1	45:52	26:34
14. TSG Vohwinkel 80*	1:3	1:2	2:2	1:1	0:3	2:5	3:2	0:4	2:2	0:2	5:0	3:1	3:1	•	3:0	2:1	42:68	21:39
15. Arminia Bielefeld (N)*	0:4	1:2	1:6	1:1	2:1	4:2	1:1	2:0	0:0	1:3	3:2	0:1	2:2	1:2	•	1:1	32:72	17:43
16. Duisburger FV 08 (N)*	1:2	2:3	2:3	4:3	0:2	0:2	1:2	0:1	3:1	1:0	1:0	3:1	0:2	1:0	0:2	•	29:66	14:46

2
SpVgg. Erkenschwick – FC Schalke 04 3:3 (0:0), 26. März 1950, 22.000 Zuschauer

„Wir wohnten genau hinter dem Stimberg-Stadion: Knappenstraße 18. Im Winter konnte man das Spielfeld von unserem oberen Fenster aus sehen, aber wegen der Zuschauerwälle nur bis zum Elfmeterpunkt. Die Ungewissheit, ob ein Ball nun rein geht oder nicht, habe ich nie ausgehalten. Deswegen habe ich trotzdem immer die Eintrittskarte für das Stadion gekauft.

Fußball hatte früher damit zu tun, dass die Spieler vom Pütt kamen. Der Mittelläufer wohnte zwei Häuser weiter und mit dem Verteidiger hatte man den Abend zuvor in der Kneipe ein Bier getrunken. Die soziale Nähe war überschaubar und machte den Zusammenhalt aus, denn die Spieler kamen größtenteils noch aus den Städten. Früher war der Wochenablauf klar: Sechs Tage wurde malocht und am Sonntag kamen die Verwandten mit den Fahrrädern aus Datteln oder Castrop-Rauxel und man ging gemeinsam zum Stadion. Hinterher wurde einer gehoben."

So der Autor Hans Dieter Baroth – nach eigenem Bekunden „in Erkenschwick geboren, aber im Stimberg-Stadion zu Hause".

3

**FC Schalke 04 – BV Borussia Dortmund 2:1 (1:1),
12. März 1950, 58.000 Zuschauer**

Offiziell 58.000 Zuschauer in der Glückauf-Kampfbahn, Rekord für die Oberliga West. Schalkes Spieler Paul Matzkowski erinnerte sich an diese Begegnung:

„Wir spielten gegen Dortmund und die Glückauf-Kampfbahn war mit über 60.000 Menschen rappelvoll. Anfangs sollte das Spiel wegen des Zuschaerandrangs gar nicht angepfiffen werden. In den letzten Minuten haben wir einen Elfmeter zugesprochen bekommen. Als ich zum Punkt hingegangen bin und den Ball abgelegt habe, da war es still im Stadion. Du konntest noch nicht einmal einen Husten hören. Und wie der Ball drin war, da haben in den Wohnungen auf der Schalker Straße die Regale gewackelt und die Tassen sind kaputt gegangen."

Dass diese Anekdote durchaus der Wahrheit entspricht, bezeugt „Der Fußball-Sport" vom 14. März 1950. Unter der Überschrift „Das Zuschauerdrama von Schalke. Der Pütt braucht ein 100.000-Mann-Stadion" heißt es: „Ein Handelfmeter in der 80. Minute war es, der das Spiel entschied, und den Matzkowski entsetzlich hart und scharf über den Kopf von Torhüter Rau in die Maschen jagte."

4

Hamborn 07 – STV Horst-Emscher 1:3 (1:0), 30. Oktober 1949, 10.000 Zuschauer

Mit dem Duisburger SV, Duisburger FV 08 und dem Gründungsmitglied der Oberliga West Hamborn 07 stellte die Stadt Montan drei Mannschaften in der höchsten Spielklasse des Westens. In Hamborn bestimmte werktags die Thyssen-Hütte mit ihren Hochöfen und Schornsteinen das Leben, sonntags ging man zu den „Löwen" in das Stadion an der Buschstraße – inmitten der Wohnhäusern von Alt-Hamborn.

Hamborns Stürmer Max Oles setzt sich gegen Horsts Verteidiger Bernhard Wischmeyer und Torhüter Heinz Flotho durch.

5

Training FC Schalke 04, September 1949

Nach Schalkes verhindertem Absturz in die 2. Liga übernahm Altmeister Fritz Szepan (li.) den Trainerposten. Vorneweg springt Kapitän Hermann Eppenhoff, der letzte Spieler aus der großen Vorkriegsära.

Die Saison 1949/50

6
**Duisburger FV 08 – Alemannia Aachen 3:1 (2:0),
29. Januar 1950, 4.000 Zuschauer**

Eine Saison an der Fußball-Sonne! Für die Kicker von Duisburg FV 08 aus dem Arbeiterstadtteil Hochfeld bedeutete allein das Erreichen der Oberliga ein wahrhaftiges Märchen. Der Industriestandort wurde geprägt von der Kupferhütte und dem Walzwerk der Niederrheinischen Hütte. „Wir waren immer ein Arbeiterverein", erzählt Hermann Wöhning, Vereinsmitglied von FV 08 seit 1940, „und die meisten Spieler haben auf den Werken gearbeitet, auch trainingsfrei bekommen. Dadurch wurden wir stark."

Allerdings nicht stark genug für die Oberliga. Ab dem 14. Spieltag verharrten die Hochfelder auf dem letzten Tabellenplatz. Gelegentliche Siege in der heimischen Grunewald-Kampfbahn konnten den Abstieg nicht verhindern.

Günter Brocker, der später mit Schalke 04 Deutscher Meister wurde, Hans Heller, Heinz Höffgen und Willi Gummersbach verteidigen das Duisburger Tor, während Aachens Stürmer Jupp Derwall (2 v.re.) auf eine Chance lauert.

Der 1921 in Duisburg geborene Alfred „Adi" Preißler kam 1946 zum BVB und sollte zu einem herausragenden Spieler der Oberliga West werden. Seine Feststellung „Grau is alle Theorie, entscheidend is auf'm Platz" ist heute weit über den Fußballplatz hinaus zu einem kulturellen Aphorismus geworden.

7
**BV Borussia Dortmund – Duisburger FV 08 5:2 (3:1),
27. November 1949, 2.000 Zuschauer**

Dortmunds Sturmdirigent wurde sowohl in der Saison 1948/49 als auch 1949/50 Torschützenkönig der Oberliga West. Im „Matschspiel" gegen Duisburg 08 erzielte er allein drei Treffer.

**8
Duisburger SV – 1. FC Köln 1:1 (0:1), 19. März 1950, 10.000 Zuschauer**

„An der Quelle saß der Knabe! Derer zwei waren es in Köln; sie taten das, was vielerorts erstrebt, leider aber bisher nur in wenigen Fällen Wahrheit wurde, nämlich, sie vereinigten sich. Diese Fusion kam aus dem alten KBC und aus Sülz 07 zustande. Wir schrieben 1948, als der jetzige Großverein entstand. Tatsächlich haben die Kölner vielerlei Pläne. Einmal ist es verständlich, dass sie die beste Elf der Domstadt sein wollen", so lautet die Ankündigung des neuen Oberligisten im „Sammelalbum der 1. Liga West" der Firma Edelstolz.

Mit dem Anspruch des „Ersten" Fussball-Clubs der Stadt traten die Kölner auch auf: in Rot-Weiss, den Farben der Stadt, und mit dem Dom im Zentrum des Vereinswappens. FC-Macher Franz Kremer gab das Ziel voraus: „Tradition hat nur dann Sinn, wenn der Wille zu noch größeren Taten vorhanden ist."

Im ersten Oberliga-Jahr gelang dem modern geführten 1. FC gleich ein respektabler 5. Platz, auch wenn Spielertrainer Hennes Weisweiler, Willi Weyer, Hans Graf, Willi Nagelschmidt und Paul Lehmann nach einem Remis beim Duisburger SV eher unzufrieden wirken.

**9
FC Schalke 04 – 1. FC Köln 1:2 (0:0), 7. April 1950, 41.000 Zuschauer**

Kölns Torhüter Walter Butscheidt freut sich über einen Sieg in den Schlussminuten in der Glückauf-Kampfbahn. Der 1. FC setzte sich damit drei Spieltage vor Saisonende auf die zweite Tabellenposition, die man allerdings im Saisonfinale ausgerechnet an den Stadtkonkurrenten Preußen Dellbrück abgeben musste.

10
STV Horst-Emscher – SC Preußen Münster 4:0 (1:0), 2. April 1950, 8.000 Zuschauer

Alfred „Freddy" Kelbassa in Aktion. Über den wuchtigen Mittelstürmer, der vor seiner Fußballer-Karriere zweifacher westdeutscher Meister im Fünfkampf war, urteilte sein Teamkollege Henner Greszak: „Der lief wie ein Pferd. Wenn ich den von hinten spurten sah, dann flogen immer kleine Grasbüschel hoch, wie mit Hufen setzte er auf."

Im Hintergrund ist die Horster Innovation der Saison 1949/50 zu sehen: der Starrenkasten, eine Holztribüne mit Platz für etwa 100 Personen.

11
Rot-Weiss Essen – SpVgg. Erkenschwick 3:0 (1:0), 7. April 1950, 15.000 Zuschauer

Essens Torjäger Hans Kleina wird verletzt vom Platz getragen.

**STV Horst-Emscher – Rhenania 05 Würselen 1:0 (1:0),
26. Dezember 1949, 12.000 Zuschauer**

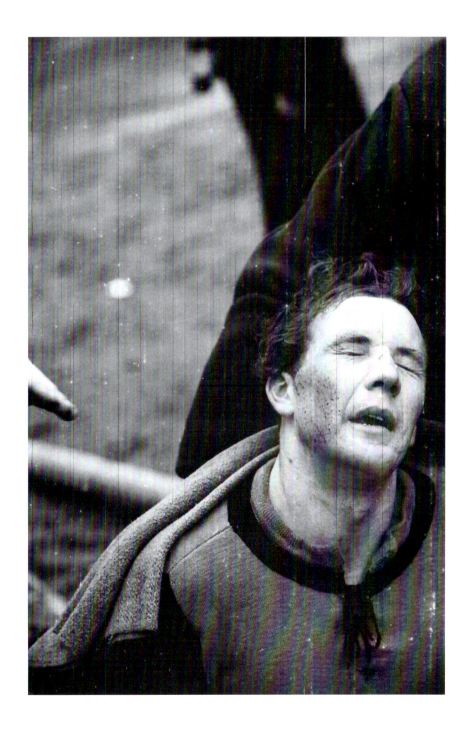

Der Horster Außenläufer Kurt Sahm verletzt am Spielfeldrand.
Am Ende der Saison wechselte er zu Borussia Dortmund und
kehrte dann 1953 über die Stationen Werder Bremen und erneut
Borussia Dortmund zurück in den Gelsenkirchener Stadtteil.

Die Saison 1949/50

13

Westfalen – Bremen 3:2 (2:0), Länder-Repräsentativtreffen, 18. September 1949, Südstadion, Gelsenkirchen, 20.000 Zuschauer

Vier Jahre nach Kriegsende brach die Isolierung des deutschen Sport aufgrund der Kriegsverbrechen des Nationalsozialismus langsam auf: Eine Nationalmannschaft gab es zwar noch nicht, aber immerhin wurden internationale Clubspiele zugelassen. Zu Sichtungsspielen für den „Bundestrainer in spe" Sepp Herberger wurde der „Bundespokal" der Ländermannschaften.

Bremens Torhüter Dragomir Ilic mit einer Flugparade vor dem Panorama des Gelsenkirchener Südstadions.

Der Serbe „Draga" Ilic kam als britischer Kriegsgefangener nach Norddeutschland und fiel den Verantwortlichen von Werder Bremen bei einem Gastspiel der „Weißen Adler", einer Elf serbischer Kriegsgefangener, auf. Bis 1960 hütete er schließlich als wahre „Institution" das Tor Werders.

14

TSG Vohwinkel 80 – BV Borussia Dortmund 1:3 (0:2), 23. April 1950, 20.000 Zuschauer

1950 verabschiedete sich Vohwinkel 80 nach drei Jahren aus der Oberliga West und weitere vier Jahre später verschwinden die Füchse komplett im Fusionsclub Wuppertaler SV.

Vohwinkels Heinz Gemmeker bei einem Freistoß gegen Borussia Dortmund im letzten Oberliga-Spiel der Bergischen im heimischen Stadion am Zoo. Im Hintergrund die Steilkurve der berühmten Radrennbahn.

15

FC Schalke 04 – DSC Arminia Bielefeld 3:0 (1:0), 23. April 1950, 18.000 Zuschauer

Nach einem Jahr Oberliga West stiegen die Ostwestfalen sang- und klanglos wieder ab und sollten erst 20 Jahre später wieder erstklassig werden, als die Oberliga West längst von der Bundesliga abgelöst worden war.

Torhüter Heinz Ebke klärt gegen zwei Schalker Angreifer. Mittelläufer Nolting sieht etwas bestürzt zu.

BV Borussia Dortmund – SC Preußen Münster 3:1 (1:0), 26. Dezember 1949, 12.000 Zuschauer

Gerangel um den Ball am 2. Weihnachtstag 1949: Die Münsteraner Lesch, Striethold, Pohnke und Torhüter Otto Mierzowski gegen die Dortmunder Adi Preißler und Ede Kasperski. Ein Jahr später sollte Preißler als Teil des „100.000-Mark-Sturms" in Reihen der Preußen stehen.

Der aus Oberschlesien stammende Torwart-Hüne Otto Mierzowski war als britischer Kriegsgefangener nach Ostwestfalen gekommen. Beim Räumen des Kriegsschutts in den Straßen Münsters sah er ein Plakat für das Spiel der heimischen Preußen gegen Borussia Dortmund. „Dortmund – das sagte mir was. Also bin ich hin", erzählte der baumlange Torwart, der bis 1942 bei Vorwärts Rasensport Gleiwitz gespielt hatte, der Münsterschen Zeitung. Gelandet ist er schließlich bei Preußen Münster, wo er als sicherer Rückhalt und späterer Mannschaftskapitän das Tor hütete, bevor 1954 ein Schien- und Wadenbeinbruch seine Karriere beendete.

17

SC Preußen Dellbrück – Hamborn 07 4:1 (2:0), 16. Oktober 1949, 7.000 Zuschauer

Die Preußen aus Dellbrück schrieben 1950 die rheinische Variante des „Mythos der Vorortvereine". Als West-Vize schalteten sie im Viertelfinale um die Deutsche Meister den amtierenden Titelträger VfR Mannheim aus. Im Halbfinale trotzen sie den Offenbacher Kickers nach 120 Minuten ein torloses Remis ab, bevor sich die Hessen im Wiederholungsspiel mit 3:0 durchsetzten.

Der spätere Preußen-Spieler Willi Hölzgen erinnert sich an die große Zeit seines Heimatclubs: „Wenn die von den Spielen mit dem Bus zurückkamen, kehrten sie immer in das Vereinslokal ein. Ich war noch zu klein, um in die Wirtschaft zu gehen. Dann erzählte mir jemand: ‚Die Preußen haben gestern wieder groß gefeiert!' Ich wagte zu erwidern: ‚Aber die haben doch verloren.' – ‚Das konnte man nicht erkennen', kam prompt die Antwort."

„Et Höffge", die Heimat der Preußen, mit dem Zwiebelturm der Christuskirche, auf dessen Hochgang sich Zuschauer versammelten.

18

**Rhenania 05 Würselen – Alemannia Aachen 2:0 (1:0),
5. März 1950, 15.000 Zuschauer**

Nach zwei Jahren Oberliga-Zugehörigkeit stiegen die „Schwarzen Teufel" aus der 15.000 Seelen-Gemeinde Würselen wieder ab. Im Hintergrund sind auf der Holztribüne auch die Dachplätze besetzt. Die von Vereinsmitgliedern gebaute Platzanlage am Lindenplatz war 1921 eingeweiht worden.

Im März 1950 kehrte Jupp Derwall, der Rhenania zu Saisonbeginn verlassen hatte, im Trikot der Alemannia zurück in seine Geburtsstadt. Der Aachener Willi Kölling beim Kopfball, in der Bildmitte Jupp Derwall und Rhenanias Johann Simons.

19
**BV Borussia Dortmund – STV Horst-Emscher 2:0 (2:0),
15. Januar 1950, 40.000 Zuschauer**

Der BVB gewann zum dritten Mal hintereinander den Titel des Westmeisters. Allerdings bröckelte die Dominanz des BVB in der Liga merklich und die erfolgreichste Westmannschaft der Nachkriegszeit kam langsam in die Jahre.

Der Westmeister (v.li.): Rudi Schulz, Erwin Halfen, Heinz Otten, Erich Schanko, Günter Rau, Herbert Hammer, Ede Kasperski, Herbert Erdmann, Pat Koschmieder, Max Michallek und Adi Preißler.

1
SpVgg. Erkenschwick, März 1950

Kalli Matejka, Walter Komorowski, Jule Ludorf und Spielertrainer Willi Jürissen am heimischen Stimberg.

Jule Ludorf – Der König vom Stimberg

Herr Ludorf, können Sie sich noch an den 14. September 1947 erinnern?

Nicht mehr an das genaue Datum, aber vermutlich war es der erste Spieltag der Oberliga West. Wir gewannen mit der SpVgg. Erkenschwick in Aachen mit 5:0 und waren der erste Tabellenführer der Oberliga West. Die Zeitungen bezeichneten uns danach als „Himmelsstürmer" und so haben wir uns auch auf dem Weg zurück nach Erkenschwick gefühlt.

Haben Sie noch die Umstände des Spiels vor Augen?

Wir fuhren am Tag vorher mit der Straßenbahn nach Recklinghausen und von dort mit dem Zug nach Aachen. Wir übernachteten in einem Luftschutzbunker in der Nähe des Aachener Hauptbahnhofs und am nächsten Tag gingen wir zu Fuß durch die zerbombte Stadt zum Tivoli. Wir wussten überhaupt nicht, was uns erwarten würde. Aber wir hatten eine Bombentruppe. Kalli Matejka, Sigi Rachuba und ich im Sturm, wir verstanden uns blind.

Was hat die Mannschaft aus dem „Kaff" Erkenschwick so stark gemacht?

Wir kamen alle vom selben Pütt, Zeche Ewald-Fortsetzung. Einer hat in der Schlosserei gearbeitet, einer beim Bau, ein anderer in der Verwaltung. Sieben Mann von uns waren in der Grube und kamen da noch schwarz raus. Wenn es zum Training ging, hat der Steiger schon einmal ein Auge zugedrückt. Dieser enge Zusammenhalt war unsere Stärke. Wir wollten ganz bewusst das, was uns im Bergbau verbindet, die Zuverlässigkeit, die Kameradschaft und dieses „jeder für jeden" als Mannschaft auf den Rasen umsetzten. Nur so konnten wir praktisch ohne auswärtige Spieler in der Oberliga mitspielen und haben uns durch unsere Erfolge Respekt verschafft.

In der Saison 1949/50 hat die SpVgg. sogar über Monate hinweg die Tabellenspitze gehalten, bevor man am Ende doch etwas einbrach.

Wir Erkenschwicker Jungens standen wochenlang vor den großen Mannschaften aus Schalke und Dortmund. Das konnten die gar nicht begreifen, denn „das Dorf" Erkenschwick hatte doch nur 16.000 Einwohner. „Wir begrüßen die Bergbau-Jünglinge von der SpVgg. Erkenschwick", hieß es manchmal in Düsseldorf oder Köln, und wir bekamen schon vor dem Anpfiff anerkennenden Applaus von den Zuschauern. Auf dem Fuß-

Sp.-Vgg. Erkenschwick – Rot-Weiß Oberhausen

Sonntag, den 28. September 1947

„Jule" Ludorf — das Aß im Erkenschwicker Meistersturm

Seit mehreren Jahren steht und fällt diese Mannschaft mit ihrem Klassesturm, der von Ludorf meisterhaft geführt wird. Seine intelligente, stets überlegene Art zu spielen, verbunden mit glänzender Technik, Durchschlagskraft, beherrschter Schnelligkeit u. gesundem Schußvermögen haben ihn zu einem der besten westdeutschen Stürmer heranreifen lassen. Der Ehrgeiz seiner Mannschaft ist groß. Erkenschwick wird alles daransetzen, den Spitzenreiter Rot-Weiß Oberhausen zu schlagen.

ballplatz kriegten wir aber nichts mehr geschenkt (lacht). Ich hatte einen Hammer mit rechts und links und manchmal bei Regenwetter, wenn die nassen Bälle richtig schwer waren, habe ich, bevor ich zum Freistoß gelaufen bin, den Gegnern zugerufen: „Tut die Köppe weg!" Und dann zappelte der Ball schon im Netz. Ich war das Aushängeschild des Vereins und Kapitän der Mannschaft. Es hieß immer: „Jule, Du musst dabei sein!" Und so habe ich kaum ein Spiel verpasst, selbst wenn ich verletzt war. Die SpVgg. hieß lange Zeit die „Ludorf-Elf", da war ich stolz drauf. Mein Schwager Kalli Matejka lästerte manchmal: „Dabei stehst Du nur da vorne rum, und wir reißen uns den Arsch auf." Daraufhin haben wir uns natürlich in die Wolle gekriegt.

Einer Ihrer ersten Trainer war Ernst Kuzorra ...

Ernst Kuzorra hatte uns schon während des Krieges in die Gauliga geführt. Von ihm haben wir viel gelernt und ich glaube, er hat bei uns die Kameradschaft wieder gefunden, die auch die Knappen zu Beginn ihrer Erfolge in den 1930er Jahren ausgezeichnet hatte. Ich glaube, er hat als Trainer gar kein Geld gekriegt, nur zwei Pakete feine Zigarren im Monat, da unser Vorsitzender gute Kontakte zu einer Zigarrenfabrik in Bünde hatte. 1946 wurden wir Meister unserer Landesliga-Gruppe. Das Endspiel um die Westfalenmeisterschaft gegen Schalke 04 fand aber nicht statt, was für den Kuzorra gut war. Er hätte sonst gegen sich selbst spielen müssen (lacht). Uns trainierte er und bei Schalke spielte er ja noch selbst. Später gewannen wir in der ersten Saison der Oberliga West mit 2:1 in der Glückauf-Kampfbahn. Es war Schalkes erste Heimniederlage nach dem Krieg und Kuzorra gratulierte uns hinterher, was mich ungeheuer stolz machte. Die Sportzeitungen schrieben danach: „Lehrlinge bezwingen Meister".

1949 kam der Oberhausener Torhüter Willi Jürissen als Spielertrainer zum Stimberg.

Der war ein ganz anderer Typ. Eigentlich passte „Pomaden-Willy", wie er hinter vorgehaltener Hand gerufen wurde, mit seinen feinen Manieren und seiner Ausdrucksweise gar nicht zu uns. Plötzlich mussten wir zu den Spielen korrekt gekleidet mit einem Schlips erscheinen. Die Spieler mussten ihn alle siezen. Nur ich als Spielführer war „auserkoren", wie er selbst sagte, ihn zu duzen. Durch diese Etikette entwickelte er keine Liebe zur Mannschaft und die Mannschaft keine Liebe zu ihm. Er war halt kein Kumpel.

Wie wichtig war für die Mannschaft die Verankerung im Bergarbeiter-Milieu?

Was für eine Frage! Für uns gab es gar nichts anderes. Sonntags saßen alle Kumpels im Stimberg-Stadion und am Montag ging es auf der Zeche nur um das Spiel: „Mensch, Jule, warum haste den nich' reingemacht?" Früher konnte man es sich gar nicht erlauben, schlecht zu spielen. Erstens saß die

FC Schalke 04 – SpVgg. Erkenschwick 4:0 (1:0), 06. November 1949, 25.000 Zuschauer

Wochenlang führte die SpVgg. Erkenschwick in der Hinrunde der Saison 1949/50 die Tabelle der Oberliga West an und zog auch auswärts die Massen in die Stadien.

SpVgg. Erkenschwick – SC Preußen Münster 3:2 (2:2), 12. Februar 1950, 6.000 Zuschauer

Eins der vielen Ludorf-Tore: Kompromisslos bugsiert der wuchtige Stürmer den Ball ins Netz von Preußen Münster.

gesamte Verwandtschaft auf der Tribüne und zweitens kriegte man das die ganze Woche auf der Arbeit von den Kumpels zu hören. Unser Vereinsleben war einmalig. Woanders hieß es schon: „Vogel, friss oder stirb!" Aber hier war alles anders. In Dortmund oder Schalke wurden die Spieler ausgepfiffen, wenn sie keine Leistung brachten. In Erkenschwick gab es das gar nicht. Man hörte höchstens mal während eines Spiels den Ruf „Auswechseln", aber ein Name wurde nie genannt. (Kann nicht stimmen, zu der Zeit durfte nicht ausgewechselt werden; Vorschlag: Statt „Auswechseln" das Wort „Aufhören"; das ich damals gelegentlich hörte.) Die Zuschauer wussten genau: Der auf dem Platz, das ist einer von uns. Da zählte nicht nur die Leistung in einem Spiel, sondern das, was man über die Jahre hinweg für die Schwarzroten. geleistet hatte. Wenn ich zu einem großen Verein gewechselt wäre, hätte das dortige Publikum diesen Respekt nicht gehabt und davor hatte ich Angst. Von der Tribüne zu hören: „Jule raus!" Oh, das tut weh und das wollte ich nie erleben.

Sie sind 1950 als Gastspieler mit Schalke 04 in Zagreb gewesen, 1951 hatte Sie der BVB mit auf eine Englandreise genommen. Warum haben Sie den Wechsel zu einem großen Verein nicht gewagt?

Ich habe den Vertrag mit dem BVB bis heute in meiner Schublade aufbewahrt. Ich hätte nur noch zu unterschreiben brauchen. Aber ich habe es nicht getan. Ich war ein Bulle von Stürmer, aber innerlich bin ich ein weicher Kerl. Ich war damals schon beim Sepp Herberger in der Sporthochschule Köln, um meinen Sport-Diplom zu machen. Herberger war mein guter Lehrmeister und hat mir viel fürs Leben beigebracht. „Jule, täuschen Sie sich nicht", sagte er zu mir, „wenn Sie nach Dortmund oder Schalke kommen, werden Sie nur nach der Leistung beurteilt. Dann dürfen Sie nicht einschlafen beim Torschuss und erleben das erste Mal, was es heißt, 40.000 Zuschauer gegen sich zu haben. Sie sind kameradschaftlich der beste Mann, den ich hier habe. Aber Sie gehen unter, wenn Sie bei einem großen Verein sind. Da werden Sie zerrissen." Herberger hatte damit Recht hatte und genau davor hatte ich Angst. Hier in Erkenschwick war ich König, in Dortmund wäre ich nur ein Arsch gewesen.

Hat das Geld nicht gereizt?

Wir wussten alle, dass man woanders mehr verdienen konnte. Man hat mit seinen Gegenspielern auf dem Platz immer über Geld gesprochen. Wir bekamen für ein Spiel 14 Mark, später nach einer Erhöhung 20 Mark und zusätzlich etwa 20 Biermarken. Darüber haben die anderen nur gelacht: „Mensch, so etwas ist doch nicht möglich!" Einige sind von Erkenschwick weggegangen: Sigi Rachuba bekam in Münster ein Malergeschäft, Walter Komorowski wechselte zum VfL Osnabrück. Horst Szymaniak, den ich in der Jugend selbst trainiert habe, wurde später sogar Profi in Italien. Das war schon eine andere Genera-

tion. „Schorse" Szymaniak wollte aus der Armut und dem Bergarbeitermilieu heraus. Aber von meinen Kameraden hatte sich sonst keiner getraut: „Nee, lass mal. Ich bin hier in Erkenschwick geboren, hier kennt mich jeder und ich würde mich auswärts auch nicht glücklich fühlen", hieß es oft.

In Ihrer Glanzzeit gab es keine Nationalmannschaft und später sind Sie nicht mehr berücksichtigt worden. Tut es Ihnen weh, kein Länderspiel nachweisen zu können?

Ich habe Herberger in Köln gefragt, warum er mich nicht mehr nominiert hat. Er sagte nur: „Jule, wie alt waren Sie?" Das sagte alles, denn 1950 war ich schon 31 Jahre alt. So habe ich halt fünf Berufungen in die Westdeutsche Auswahl gehabt und zig Mal für Westfalen gespielt. Wie viele Tore ich geschossen habe, weiß ich nicht mehr. Aber ich will gar nicht auf den Putz hauen mit meinen Toren, denn der Fußball hat sich verändert. Früher bin ich als Stürmer nie in die Abwehr gegangen. Heute muss jeder überall helfen. Das ist ein ganz anderes Spiel. Wenn ich früher mit zurückging, schrie unser Mittelläufer Heinz Silvers sofort: „Bleib Du Arsch vorne!" Jedenfalls war ich in Erkenschwick der Fußballkönig. Zahlen musste ich nie etwas. „Was haste auf'm Deckel? 50 Mark? Is schon gut!" Als ich älter wurde, haben sie mich zur Kasse gebeten: „Jule, jetzt musst du bezahlen, jetzt kriegst du Rente." Reichtümer habe ich dabei nicht angehäuft, auch kein Haus gebaut, aber den Respekt und die Zuneigung habe ich mir erworben. Bis heute. Wenn ich zum Spiel ins Stimberg-Stadion gehe, rufen mir die Leute immer noch zu: „Ju-le, Ham-mer!" oder „Jule, zieh dich um!" Das ist auch schon eine wunderbare Geschichte für einen Jungen aus den erbärmlichsten Verhältnissen.

War der Fußball für Sie die Aufstiegschance?

Der Fußball hat uns in den Himmel gehoben. Ich war der Älteste von sieben Geschwistern und hatte keine schöne Kindheit. Meine Mutter starb 1934 an TBC, mein Vater war Bergmann auf Ewald-Fortsetzung, oft aber arbeitslos. Er war ein Säufer und brutal: „Fußball? Ich hab dich nicht in die Welt gesetzt, um Fußball zu spielen, sondern um die Familie zu versorgen", hat er mir gepredigt und mir den Arsch voll gehauen. Als ich 20 Jahre alt war, wollte er mich noch einmal verprügeln, aber da habe ich gesagt: „Papa, pass bloß auf! Du hast mir so oft den Arsch voll gehauen, damit ist jetzt Schluss." Trotzdem hat er mir eine runter gehauen. Ich habe nicht zurückgeschlagen, aber das Haus verlassen und bin nicht mehr zurückgekehrt.

Sie haben sich auch beruflich weit von Ihrer Kindheit entfernt, oder?

Ja, ich hatte gute Zeugnisse und bekam auf dem Pütt eine Lehrstelle als Schlosser. Das war etwas besseres, denn ich musste nicht in die Grube. Später hat mich die Zeche zur Sporthochschule nach Köln geschickt. Dieses Privileg hatte ich

4

SpVgg. Erkenschwick – FC Schalke 04 3:3 (0:0), 26. März 1950, 22.000 Zuschauer

Rekordkulisse am Stimberg: Erkenschwicks Franz Berger steigt energisch zum Kopfball hoch, Jule Ludorf (li.) hält den Atem an. Am Ende sicherte er mit zwei Toren das Remis gegen den Altmeister.

5

SpVgg. Erkenschwick – Rot-Weiss Essen 1:3 (1:2), 14. September 1952, 8.000 Zuschauer

In der Saison 1952/53 verabschiedete sich die SpVgg. aus der Oberliga West. „Die alten Recken hatten ihren Zenit überschritten, während junge Talente nicht nach Erkenschwick kamen", resümiert Ludorf den Abstieg. Zwei Ikonen der Oberliga West: Essens August Gottschalk und Jule Ludorf bei der Begrüßung.

dem Fußball zu verdanken. So saß ich zusammen mit Hennes Weisweiler und Willi Jürissen beim Herberger auf der Bank. Ich hatte Bammel vor den Anforderungen dort. Zum Glück habe ich mich mit den Herbergers angefreundet. Frau Herberger habe ich sogar das Fahrradfahren beigebracht. Einen Tag vor der Prüfung habe ich sie gefragt: „Ob ich die Prüfung wohl schaffen werde?" Sie antwortete nur: „Jule, Sie werden das schaffen" (lacht). Die anderen nannten mich schließlich nur noch „Den Fahrradfahrer" (lacht erneut)!

Mit dem Ende Ihrer Karriere setzte auch der Absturz der SpVgg. ein. War die Oberliga unter den Erkenschwicker Bedingungen nicht mehr zu halten?

Als 1949 der bezahlte Vertragsspieler eingeführt, war die Zeit der SpVgg. über kurz oder lang vorüber. Wir konnten einfach nicht mehr mithalten. Wenn Schalke und Dortmund kamen, war das Stadion voll. Aber sonst hatten wir in unserem Dorf nur etwa 5.000 Zuschauer im Schnitt. 1953 sind wir schließlich abgestiegen. Ich habe ein Jahr in der 2. Liga West gespielt, aber gemerkt, dass die Willenskraft nicht mehr da war. Wenn man einmal im Mittelpunkt gestanden hat und lässt dann wegen des Alters nach … Vor allem auswärts hätten sie mich ausgepfiffen. Das tut weh und da habe ich zu meiner Frau gesagt: „Nee, Paula, das muss ich nicht mehr haben."

An was erinnern Sie sich besonders gerne zurück?

Die vielen wunderbaren Spiele und die Kameradschaft von früher. Ich war ein konsequenter Hasser von Alkohol und Nikotin, aber ich war nicht gegen Rotwein. Wenn ich so zwei, drei getrunken hatte, dann war ich die Stimmungskanone. Nach den Spielen saßen die Spieler, der Vorstand und die Zuschauer zusammen, diskutierten, tranken und später hieß es dann: „Jule, stimm mal ein Lied an!" Das gibt es heute nicht mehr.

Julius „Jule" Ludorf

Am 2. Dezember 1919 in Erkenschwick geboren. Spielte von 1930 bis 1955 bei der SpVgg. Erkenschwick. Während des Krieges mehrere Einsätze für Hannover 96 und im Herbst 1946 ein kurzes Gastspiel bei den Offenbacher Kickers in der Oberliga Süd (6 Spiele / 2 Tore). Von 1947 bis 1953 161 Spiele und 75 Tore für den SpVgg. in der Oberliga West; mehrere Berufungen in die Westdeutsche- und die Westfalenauswahl. Gelernter Schlosser auf der Zeche Ewald-Fortsetzung, ab 1960 Sportlehrer. Gründungsmitglied des Bunds deutscher Fußball-Lehrer.

1

Bundesrepublik Deutschland – Schweiz 1:0 (1:0), Neckarstadion, Stuttgart, 22. November 1950, 115.000 Zuschauer

Buß- und Bettag 1950, das erste Länderspiel der deutschen Nationalmannschaft nach dem Zweiten Weltkrieg. „Es ist geschafft", dachten viele Verantwortliche des DFB, denn die junge Bundesrepublik war erst zwei Monate zuvor wieder in den Fußball-Weltverband FIFA aufgenommen worden.

Die Begeisterung der Menschen sprengte alle Erwartungen. Über 100.000 drängten sich in das Neckarstadion, das Jahre zuvor noch „Adolf-Hitler-Kampfbahn" hieß. Die Presse sprach später vom „Wurstkessel, in dem Stehplatzbesucher dringesteckt hätten." Das erste Nachkriegstor erzielte der Ex-Schalker Herbert Burdenski per Elfmeter.

Als den Moment jedoch, der am meisten in Erinnerung blieb, schildern die Berichterstatter die Schweigeminute, die nach der Schweizer Nationalhymne eintrat, da die junge Bundesrepublik noch keine Nationalhymne besaß. „Totenstille herrschte im Rund der 115.000, die entblößten und gesenkten Hauptes dastanden. Die ganzen schweren Ereignisse der letzten 15 Jahre zogen wie ein Film an unserem geistigen Auge vorüber", hieß es im „Sport-Magazin".

Die deutsche Elf mit (von hinten nach vorn) Jakob Streitle (Bayern München), Fritz Balogh (VfL Neckerau), Karl Barufka (VfB Stuttgart), Richard Herrmann (FSV Frankfurt), Günther Baumann (1.FC Nürnberg), Max Morlock (1.FC Nürnberg), Berni Klodt (FC Schalke 04), Ottmar Walter (1.FC Kaiserslautern), Herbert Burdenski (Werder Bremen), Toni Turek (Fortuna Düsseldorf) und Andreas Kupfer (Schweinfurt 05).

Die Torjäger der Saison 1950/51

Hans Kleina (FC Schalke 04)	25
Josef Linneweber (BV Borussia Dortmund)	21
Hans Müller (Fortuna Düsseldorf)	20
Hans Kircher (Alemannia Aachen)	15
Franz Trapphoff (Hamborn 07)	15

Die Saison 1950/51

Die Saison 1950/51

OBERLIGA WEST 1950/51	FC Schalke 04	Preußen Münster	Bor. Dortmund	1. FC Köln	Fort. Düsseldorf	RW Essen	Hamborn 07	Preußen Dellbrück	Rheydter SV	STV Horst-Emscher	SpVgg. Erkenschwick	Spfr. Katernberg	RW Oberhausen	Bor. M'gladbach	Alem. Aachen	Duisburger SV	Tore	Punkte
1. FC Schalke 04	•	1:2	0:0	3:2	1:0	3:0	3:0	8:1	6:2	2:0	0:3	3:2	1:1	8:0	4:0	3:0	69:36	42:18
2. Preußen Münster	0:1	•	1:1	1:0	2:1	5:1	2:2	2:1	3:1	2:1	2:1	2:0	1:0	3:0	5:1	2:0	58:36	41:19
3. Bor. Dortmund (M)	3:0	2:1	•	2:0	4:1	3:1	3:1	3:2	1:0	0:2	2:1	3:3	2:1	4:3	4:2	0:0	52:36	39:21
4. 1. FC Köln	2:0	0:4	1:2	•	2:1	2:1	2:0	1:0	4:0	6:0	3:0	3:4	6:0	6:2	3:0	2:0	60:31	38:22
5. Fort. Düsseldorf (N)	2:3	1:0	1:0	0:1	•	2:1	0:1	1:1	6:1	2:0	4:0	2:1	0:1	4:1	1:0	4:0	49:35	31:29
6. RW Essen	0:2	0:3	0:0	3:2	2:0	•	2:0	3:1	7:1	2:3	1:0	2:2	5:1	6:1	3:0	3:0	59:53	30:30
7. Hamborn 07	4:0	1:1	4:2	0:0	0:3	3:2	•	1:1	1:0	2:0	2:2	3:1	1:1	3:0	1:1	2:1	42:45	30:30
8. Preußen Dellbrück	1:1	4:0	0:0	1:1	1:3	2:3	3:2	•	1:2	1:0	3:2	4:1	2:0	2:0	3:3	1:0	49:52	28:32
9. Rheydter SV (N)	0:1	1:3	1:2	1:0	2:2	4:1	1:1	3:1	•	4:2	3:1	3:2	2:0	2:2	2:0	3:1	47:57	28:32
10. STV Horst-Emscher	2:2	1:2	1:1	0:1	3:1	4:2	1:2	4:1	1:4	•	0:0	5:1	1:0	3:2	2:0	3:0	47:51	27:33
11. SpVgg. Erkenschwick	1:1	1:2	1:1	1:1	0:0	1:1	0:0	1:0	1:0	3:1	•	2:4	1:1	1:1	2:1	2:0	34:39	27:33
12. Spfr. Katernberg (N)	1:4	2:0	2:2	0:1	1:0	2:3	3:2	0:2	1:0	3:3	0:0	•	0:1	3:2	4:2	5:2	55:64	26:34
13. RW Oberhausen*	0:1	1:0	3:3	2:2	2:1	2:0	3:1	0:3	2:0	1:1	1:3	1:1	•	0:3	0:0	2:0	31:50	26:34
14. Bor. M'gladbach (N)*	3:1	3:2	0:0	1:3	0:2	1:1	1:1	3:3	2:2	3:1	2:1	2:0	4:0	•	2:1	0:1	47:72	25:35
15. Alem. Aachen	2:4	6:3	0:0	0:2	3:3	3:2	4:0	2:2	2:2	1:0	1:1	4:3	3:4	6:1	•	6:2	56:66	24:36
16. Duisburger SV*	2:2	1:2	3:2	2:1	1:1	0:1	2:1	2:1	0:0	0:2	1:1	1:3	2:0	2:2	1:2	•	27:59	18:42

Anmerkung: Das Spiel Bor. M'gladbach – Bor. Dortmund (0:5) wurde wegen eines Passvergehens des BVB mit „0:0 Toren für Gladbach" gewertet. Da am grünen Tisch gewonnene Punkte für den Abstiegskampf nicht ausschlaggebend sein durften, wurde ein Entscheidungsspiel über den zweiten direkten Absteiger zwischen Aachen und Gladbach angesetzt, das die Alemannia mit 5:1 gewann. In einer gesonderten Auf- und Abstiegsrunde konnte Alemannia dann gegen die beiden Vizemeister der zweiten Ligen (ETB SW Essen, SSV Wuppertal) und gegen RW Oberhausen den Klassenerhalt sichern.

2
Rot-Weiss Essen – 1. FC Köln 3:2 (1:1), 15. Oktober 1950, 16.000 Zuschauer

Der holländische Nationaltorhüter Frans de Munck stieß 1950 nicht ganz freiwillig zum aufstrebenden 1. FC Köln. In der Heimat war der Keeper vom noch streng am Amateurstatus festhaltenden „Königlich Niederländischen Fußballbund" wegen nachgewiesener Bezahlung zum Profi erklärt und für ein Jahr gesperrt worden. Franz Kremer lockte ihn daraufhin in die Domstadt, wo er allein durch sein gepflegtes Äußeres auffiel.

Als Torwart mit Kniesschoner und Handbandagen modern ausgerüstet machte sich de Munck vor einem Spiel „professionell" durch gymnastische Übungen warm, was man zuvor in der Oberliga noch nicht gesehen hatte. Im Privatleben galt der große, dunkelhaarige Typ als Liebling der Frauen und debütierte 1953 als Schauspieler in dem Spielfilm „Das perfekte Brautpaar".

3
Fortuna Düsseldorf – FC Schalke 04 2:3 (0:2), 22. Oktober 1950, 36.000 Zuschauer

Der in Duisburg als Sohn eines Krupp-Arbeiters geborene Anton „Toni" Turek kehrte 1950 nach vier Jahren in der Oberliga Süd in den Westen zurück. Fortan hütete er das Tor von Fortuna Düsseldorf und sollte später zu einem „Fußballgott" ernannt werden.

**Sportfreunde Katernberg – Rot-Weiss Essen 2:3 (0:1),
8. Oktober 1950, 9.000 Zuschauer**

Nach einem Jahr in der 2. Liga West kehrten die Sportfreunde Katernberg in die Oberliga zurück. In ihren Reihen sorgte bald der Sohn eines Kohlenhändlers aus der Lesebandstraße in Altenessen für Schlagzeilen: Helmut Rahn (Bildmitte mit den Händen an den Hüften).

Die Sportfreunde (v.li.): Franz Rynkowski, Heinz Grzella, Paul Mieloszyk, Helmut Rahn, Willi Vordenbäumen, Otto Majewski Heinz Kubsch und Walter Konrad.

5
**Fortuna Düsseldorf – FC Schalke 04 2:3 (0:2),
22. Oktober 1950, 36.000 Zuschauer**

Der Schalker Leo Behring zieht an Kurt Krüger vorbei. Der Platz am Flinger Broich war zu diesem Spitzenspiel restlos ausverkauft.

6
**Rot-Weiß Oberhausen – Alemannia Aachen 0:0,
17. Dezember 1950, 4.500 Zuschauer**

Abstiegskampf zwischen den Gründungsmitgliedern der Oberliga West Oberhausen und Aachen bei Eis und Schnee und vor leeren Rängen. Die Alemannia sollte die Krise am Ende der Saison dank mehrerer Entscheidungsspiele meistern, während Rot-Weiß den Gang in die 2. Liga antreten musste. Am Ball Franz Pyta (RWO), der vom Aachener Johannes Coenen gestellt wird.

SC Preußen Münster, Dezember 1950

Wie es zu dem berühmten Schlagwort vom „100.000-Mark-Sturm" gekommen ist, darüber streiten sich bis heute die Gemüter. Gemeint war jedenfalls Preußen Münsters Sturmreihe mit Sigi Rachuba, Jupp Lammers, Adi Preißler, Rudi Schulz und Fiffi Gerritzen, die maßgeblich für den Erfolg der Ostwestfalen in der Saison 1950/51 verantwortlich war. Vehement wurde von den Vereinsverantwortlichen das Gerücht bestritten, die zusammengekaufte Sturmreihe hätte wirklich 100.000 DM an Ablösesummen gekostet.

Rudi Schulz, Mitglied des Sturms, erzählt, dass der Begriff von der Presse nach dem letzten Gruppenspiel um die Deutsche Meisterschaft bei Tennis Borussia Berlin geprägt worden war. Zur Halbzeit habe man mit 1:2 hinten gelegen und dann noch mit 8:2 gewonnen und damit das Endspiel erreicht. Dieser Sturm, dichteten die Reporter später, sei 100.000 Mark wert. Adi Preißler sah es seinerzeit lakonischer: „Wenn wir schon der 100.000-Mark-Sturm heißen, hätten sie auch jedem 20.000 Mark geben müssen."

Vize-Westmeister Preußen Münster (v.li.): Otto Mierzowski, Kurt Pohnke, Aloys Schulte, Arthur Hillebrecht, Rolf Lezgus, Adi Preißler (verdeckt), Sigi Rachuba, Walter Mennicke, Josef Rickmann, Walter Lesch und Fiffi Gerritzen (verdeckt).

8
**Hamborn 07 – FC Schalke 04 4:0 (3:0), 21. Januar 1951,
30.000 Zuschauer**

Zuschauerandrang in der Schwelgern-Kampfbahn in Duisburg-Marxloh vor der imposanten Kulisse der Thyssen AG. Von den obersten Stehplatzreihen aus konnten die Zuschauer weit in die städtische Industrielandschaft gucken. Während des Spiels soll es schon einmal dunkler im Stadion geworden sein, weil der Dampf und der Rauch der Industrieschlote das Sonnenlicht eintrübten, berichteten die Zeitzeugen.

9
Hamborn 07 – 1. FC Köln 0:0, 7. Januar 1951, 10.000 Zuschauer

Die Hamborner „Löwen" aus dem Duisburger Stahlarbeiterstadtteil holten vor allem in der heimischen Kampfbahn an der Buschstraße die notwendigen Punkte, um sich in der Oberliga zu halten. Werner Dongmann (5), genannt „die Pferdelunge", köpft einen Ball aus der Gefahrenzone.

10
Fritz Szepan und Ernst Kuzorra, 12. November 1950

30.000 Zuschauer strömten zum Abschiedsspiel der beiden Fußball-Legenden gegen den Club Atlético Mineiro Belo Horizonte aus Brasilien in die Glückauf-Kampfbahn und wohnten in der 30. Spielminute einem historischen Augenblick bei: Schiedsrichter Guizetti unterbrach das Spiel und die beiden Schwäger suchten sich zum letzten Mal auf dem Platz, um sich zu umarmen. Danach verließen sie Arm in Arm das Spielfeld und genossen die Ovationen.

Ein Kapitel der Fußballgeschichte des Westens ging zu Ende, das auch jenseits aller Vereinszugehörigkeiten anerkannt wurde. Als der FC Schalke 04 1934 den ersten Meistertitel in das Ruhrrevier holte – ein Jahr zuvor war man noch an der Düsseldorfer Fortuna gescheitert -, hielt der Sonderzug aus Berlin in Dortmund, wo sich die Meisterspieler in das goldene Buch der Stadt eintrugen. Die Schalker Knappen mit ihren spielgestaltenden Protagonisten Szepan und Kuzorra schufen einen Mythos, der bis heute unvergessen ist.

Ein Bonmot zu Ernst Kuzorra lieferte der ehemalige Bundespräsident Johannes Rau. Auf die Frage, ob Fußballstadien nicht auch einmal nach Frauen benannt werden sollten, antwortete er: „Und wie soll dann bitte so ein Stadion heißen? Vielleicht Ernst-Kuzorra-seine-Frau-ihr-Stadion?"

11
Paul Janes, März 1951

„Paul Janes stellt eine der größten Legenden des deutschen Fußballs dar", urteilt der Historiker Hardy Grüne in dem „Spielerlexikon" der „Enzyklopädie des deutschen Fußballs" über die Düsseldorfer Fußball-Ikone. Janes, Meister von 1933, WM-Teilnehmer von 1934 und 1938 und lange Jahre DFB-Rekordnationalspieler, musste im November 1950 nach einem Fußbruch seine aktive Karriere beenden. Er amtierte bereits vorher als Spielertrainer bei Fortuna. Der einsilbige Rechtsverteidiger galt als „der große Schweiger".

Überliefert ist ein legendäres Interview nach der WM 1934:
„Herr Janes, Sie waren mit der Nationalelf in Italien? – Ja!
Sind Sie mit dem Abschneiden zufrieden? – Ja!
Hätten Sie Weltmeister werden können? – Nein!
Der dritte Platz tut es auch? – Ja!
Wie war es in Italien? – Warm!"

12
Willi Jürissen, Januar 1951

Willi Jürissen, lange Zeit Torhüter von Rot-Weiß Oberhausen, war eine der schillernden Spielerpersönlichkeiten der Oberliga West. Als Mann, der Wert auf feine Manieren und korrekte Kleidung legte, wurden ihm schon zu aktiven Zeiten die Beinnamen „Pomaden-Willi" und „Der Mann mit den weißen Handschuhen" verliehen. Es wurde sogar kolportiert, er hätte hinter dem Torpfosten stets einen kleinen Spiegel montiert, damit er seinen Scheitel nach Paraden wieder richten konnte.

Neben seinen exzellenten Torwartfähigkeiten glänzte der Torhüter auch als Strafstoßschütze. Von 1949 bis 1951 dirigierte Jürissen in Personalunion als Torwart und Trainer das Spiel der SpVgg. Erkenschwick.

13

FC Schalke 04 – Rheydter SV 6:2 (3:0), 10. Dezember 1950, 10.000 Zuschauer

Bei den wieder erstarkten Schalker chancenlos, erkämpfte sich der Aufsteiger Rheydter SV am Ende der Saison einen beachtlichen neunten Platz. Maßgeblichen Anteil daran hatte Spielertrainer Fritz Pliska (links, im gestreiften Trikot), dessen Härte und Kampfkraft bei den anderen Westteams gefürchtet war.

14

STV Horst-Emscher – BV Borussia Dortmund 1:1 (0:1), 15. Oktober 1950, 16.000 Zuschauer

Die Emscher-Husaren, die dritte Kraft der Oberliga West, konnten den personellen Aderlass nicht verkraften und gerieten in akute Abstiegsgefahr. Die Stammspieler Wieding, Sahm, Mikuda und Wischner waren zum BVB gewechselt, Berni Klodt zu seinem Heimatverein Schalke 04 zurückgekehrt. Darlehen, Handgelder, Wohnungs- und Arbeitsplatzwechsel, Beschaffung von Möbel und Hausrat galten als gängige Motivationshilfen bei Vereinswechseln.

Horsts sicherer Rückhalt Heinz „Schangl" Flotho entschärft einen Ball. Der „schwarze Panther" kam 1949 als 34-jähriger von Osnabrück nach Gelsenkirchen, wo er bereits 1942/43 für Schalke 04 spielte und in der Meistermannschaft von 1942 stand.

15

Paul Matzkowski und Berni Klodt, Oktober 1950

Entschlossen zur ersten Westmeisterschaft nach dem Krieg: die Schalker Paul Matzkowski und Berni Klodt. Unter dem Trainer Fritz Szepan feierten die Schalker nach Jahren der Trauer und des Fast-Abstiegs eine sportliche Wiederauferstehung. In der Endrunde um die „Deutsche" scheiterten die Knappen jedoch am 1. FC Kaiserslautern

SC Preußen Münster – BV Borussia Dortmund 1:1 (1:0), 18. Februar 1951, 32.000 Zuschauer

Preußens Adler auf dem Höhepunkt der Vereinsgeschichte: Sigi Rachuba, Fiffi Gerritzen, Adi Preißler und Aloys Schulte unter den Schwingen von Preußens Wappentier.

Allerdings ging trotz berauschender Spiele kein Titel nach Ostwestfalen. In der Westmeisterschaft musste man am letzten Spieltag nach einer 0:4-Niederlage bei Preußen Dellbrück Schalke 04 den Vortritt lassen. Im Endspiel um die Deutsche Meisterschaft unterlag man dann vor über 100.000 Zuschauern im Berliner Olympiastadion dem 1. FC Kaiserslautern mit 2:1.

Felix „Fiffi" Gerritzen war zu Beginn der Saison vom VfB Oldenburg nach Münster gekommen. Sein Wechsel löste in Oldenburg helle Empörung aus. Gerritzen, der während der Arbeit an diesem Buch im Juli 2007 verstarb, erinnerte sich gegenüber der „Münsterschen Zeitung" an die Umstände des Wechsels: „Deshalb haben mich die Preußen auch in der Nacht abgeholt. Mein Vater rief mich später aus Oldenburg an und erzählte, dass da zweieinhalbtausend Menschen vor der Wohnung standen. Die waren überrascht und sauer. Mein Vater war es, der mir zum Wechsel riet, er war ja in Münster geboren und arbeitete zeitweise auch da. Er sprach in höchsten Tönen von der Stadt und den Menschen."

1

Rot-Weiss Essen – FC Schalke 04 4:1 (2:0), 20. April 1952, 40.000 Zuschauer

Die „Gottschalk-Elf" läuft ein: August Gottschalk, Heini Kwiatkowski, Heinz Wewers, Helmut Rahn & Kollegen besiegen den Vizemeister Schalke 04 am letzten Spieltag mit 4:1 und untermauern damit die erste Westmeisterschaft von Rot-Weiss. Nicht zuletzt eine Folge der gezielten Einkaufspolitik des RWE-Machers Georg Melches. Die Sportzeitung „Der Kicker" bemerkte dazu, dass RWE die einzige Endrunden-Mannschaft sei, die keinen einzigen Spieler aus der eigenen Jugend aufgeboten habe.

Die Torjäger der Saison 1951/52

Karl Hetzel (Meidericher SV)	25
Bernhard Termath (Rot-Weiss Essen)	20
Helmut Rahn (Rot-Weiss Essen)	20
August Gottschalk (Rot-Weiss Essen)	19
Alfred Niepieklo (BV Borussia Dortmund)	19

Die Saison 1951/52

OBERLIGA WEST 1951/52	RW Essen	FC Schalke 04	Alem. Aachen	Bor. Dortmund	1. FC Köln	Bayer Leverkusen	Preußen Münster	Meidericher SV	Preußen Dellbrück	Spfr. Katernberg	ETB SW Essen	Fort. Düsseldorf	STV Horst-Emscher	SpVgg. Erkenschwick	Rheydter SV	Hamborn 07	Tore	Punkte
1. RW Essen	•	4:1	2:1	3:1	1:0	2:0	2:2	4:2	2:0	2:1	6:2	1:0	5:0	4:6	5:2	4:0	78:41	45:15
2. FC Schalke 04 (M)	4:3	•	2:1	3:0	2:1	2:1	2:0	6:0	1:1	3:1	2:1	3:0	1:0	4:0	4:1	1:1	63:47	40:20
3. Alem. Aachen	3:1	1:3	•	2:1	4:1	3:2	2:1	1:0	1:0	4:2	3:0	3:0	2:1	2:2	10:1	1:0	65:47	36:24
4. Bor. Dortmund	2:2	3:0	4:1	•	3:2	0:0	3:0	4:5	2:2	9:1	4:1	5:1	2:3	3:0	4:4	7:0	79:53	34:26
5. 1. FC Köln	3:1	1:3	2:0	3:2	•	0:2	4:0	4:2	5:0	2:0	1:1	1:1	3:0	1:1	6:0	3:1	57:40	33:27
6. Bayer Leverkusen (N)	1:1	2:0	4:2	2:2	2:1	•	0:0	1:3	0:1	3:1	1:1	0:0	4:2	1:1	4:0	3:2	49:41	32:28
7. Preußen Münster	0:3	6:2	2:0	1:2	0:0	2:1	•	0:5	3:0	1:1	1:1	1:1	5:0	1:1	3:2	7:1	53:48	32:28
8. Meidericher SV (N)	1:2	4:1	1:1	1:3	4:1	1:0	1:2	•	2:1	1:2	0:0	2:0	3:6	1:1	5:1	1:1	57:55	29:31
9. Preußen Dellbrück	1:2	3:1	1:4	1:1	1:3	0:1	4:2	1:1	•	2:2	2:0	1:1	1:3	0:0	5:2	1:1	42:48	29:31
10. Spfr. Katernberg	1:3	4:1	1:1	3:1	1:1	3:5	1:4	2:1	1:2	•	1:1	2:1	1:3	5:2	3:1	4:1	62:70	27:33
11. ETB SW Essen (N)	1:0	0:1	3:2	3:2	4:1	1:1	3:1	0:1	2:2	1:1	•	0:2	1:1	2:2	2:2	1:0	43:57	27:33
12. Fort. Düsseldorf	1:2	1:1	2:1	4:2	2:1	2:0	1:2	0:1	2:3	7:4	2:2	•	1:0	3:0	2:2	0:1	43:48	26:34
13. STV Horst-Emscher	1:2	0:1	1:2	1:1	1:1	2:2	2:2	2:2	1:2	1:4	4:1	2:2	•	2:1	2:1	1:1	48:61	26:34
14. SpVgg. Erkenschwick	2:2	2:5	4:2	1:2	0:2	2:2	3:1	5:4	1:1	3:7	3:3	1:1	0:1	•	3:4	5:1	53:71	24:36
15. Rheydter SV*	0:5	3:3	1:1	3:3	1:3	3:3	0:2	2:1	1:1	1:1	6:2	3:2	4:0	4:0	•	1:0	58:88	23:37
16. Hamborn 07*	2:2	2:0	2:4	0:1	0:0	1:1	0:1	1:1	0:2	2:1	2:3	1:1	3:5	0:1	3:2	•	30:65	17:43

2
STV Horst-Emscher – Rot-Weiss Essen 1:2 (1:0), 6. Januar 1952, 20.000 Zuschauer

Helmut Rahn, Heinz Hinz und Berni Termath in der Halbzeitpause in Horst. Heißer Tee und eine Decke zum Wärmen mussten genügen, die Halbzeitbesprechung wurde auf dem Platz durchgeführt.

Während die Jungnationalspieler Rahn (22) und Termath (23) – als gefürchtete Flügelzange mit August Gottschalk im Sturmzentrum für 59 von 78 Essener Toren in dieser Westmeister-Saison verantwortlich – ihre Karrieren noch vor sich hatten, beendete Routinier Heinz Hinz, mehrfach Vorkriegsmeister mit Schalke 04, am Ende der Saison seine Karriere in der Oberliga West und wechselte zum Zweitligisten VfB Bottrop.

3
1. FC Köln, Februar 1952

Die Kölner Hennes Weisweiler, Franz Kremer und Willi Bars. Nach einem turbulenten Saisonverlauf mit vielen Personalquerelen beendete Weisweiler sein Engagement als Spielertrainer beim FC. „Die Kölner und ich, wir hatten uns abgenutzt", erklärte er.

Franz Kremer, Macher und 1. Vorsitzender des Vereins, hatte bei zahlreichen Mannschaftsumstellungen seine Hand im Spiel. Er verwies auf den Passus im damaligen Trainervertrag: „Die Mannschaftsaufstellung wird von dem Trainer in Zusammenarbeit mit dem Fußballobmann vorgenommen. In Zweifelsfällen entscheidet der 1. Vorsitzende."

Die Saison 1951/52

4
**Sportfreunde Katernberg – STV Horst-Emscher 1:3 (1:0),
2. Dezember 1951, 7.000 Zuschauer**

Helmut Rahn war zum Stadtnachbarn gewechselt, von einer offiziellen Ablösesumme war nicht die Rede. Dafür zierte das Stadion „Am Lindenbruch" ein neuer Holzzaun, der die „Lauschepper", die zuvor auf den höher gelegenen Bahndämmen die Spiele stets „für lau" verfolgt hatten, nun zu zahlenden Besuchern machen sollte.

„Katernberg hat einen Helmut-Rahn-Zaun", behaupteten die Spötter. Er soll 7.000 Mark gekostet haben.

Der Katernberger Willi Vordenbäumen, ab 1953 ebenfalls in Diensten von Rot-Weiss, beim Kopfball.

5

FC Schalke 04 – Fortuna Düsseldorf 3:0 (1:0), 13. Januar 1952, 20.000 Zuschauer

Berni Klodt mit einer Flanke – direkt aus der untergehenden Abendsonne. Die Presse lobte die „vollendete Balltechnik" und das „zentimetergenaue Flankenspiel" des Rechtsaußen, der in den 1950er Jahren den FC Schalke 04 geradezu personifizierte.

6

Fortuna Düsseldorf – SpVgg. Erkenschwick 3:0 (0:0), 25. November 1951, 10.000 Zuschauer

Düsseldorfs „unermüdlicher Schaffer im Mittelfeld" Hans Müller (li.) im Zweikampf mit Erkenschwicks Johann Smigielski vor der alten Holztribüne am Flinger Broich.

7
BV Borussia Dortmund – 1. FC Köln 3:2 (2:0), 6. Januar 1952, 20.000 Zuschauer

Die Haupttribüne der „Roten Erde" ließ auch sieben Jahre nach Kriegsende die Bombenschäden noch erahnen.

8
Karl Hetzel, Meidericher SV

Karl „Bubi" Hetzel vom Oberliga-Aufsteiger Meidericher SV eroberte sich mit 25 Treffern souverän die Torschützenkrone des Westens.

Hetzel galt als ein Mann von Kultur, der das Theater und das Kabarett liebte, keinen Alkohol und keine Zigaretten zu sich nahm. Da er Zeit seines Lebens vergeblich auf eine Länderspielnominierung wartete, galt er auch als „der, den Herberger vergaß".

9
**STV Horst-Emscher – Fortuna Düsseldorf 2:2 (1:1),
28. Oktober 1951, 9.000 Zuschauer**

Heinz Frohne im Zweikampf mit den Düsseldorfern Kurt Borkenhagen und Rolf Kern.

Der Tendenz der Emscher-Husaren ging weiter abwärts. Nur in der Qualifikationsrunde konnte der Abstieg durch Siege über die SpVgg. Erkenschwick, den VfB Bottrop und die TSG Vohwinkel 80 verhindert werden.

Die Zeit der Bergarbeiterklubs war Anfang der 1950er Jahre vorbei. Das ihr bis heute gültiger Mythos so stark überdauert, obwohl er sich faktisch nur auf wenige Jahre begründet, zeigt, mit welcher Identifikation die Erfolge der Außenseiter erlebt und über die Jahrzehnte hinweg kolportiert wurden.

10
**Alfred Kelbassa in der Halbzeitpause, Horst-Emscher,
September 1951**

11
**BV Borussia Dortmund – SC Preußen Dellbrück 2:2 (0:2),
18. November 1951, 14.000 Zuschauer**

Herbert Sandmann im Dribbling gegen die Dellbrücker Dörner, Becker und Schlömer. Im Hintergrund der Neubau der Westfalenhalle mit der freitragenden Dachkonstruktion des Architekten Walter Höltje, die im Februar 1952 eröffnet wurde.

12
**Meidericher SV – SC Preußen Dellbrück 2:1 (0:0),
30. Dezember 1951, 10.000 Zuschauer**

Halbzeitpause im Duisburger Stadtteil Meiderich: Den Zebras gelang unter Trainer Willi Multhaup (ganz rechts im Mantel) mit Platz 8 am Saisonende ein ordentliches Oberliga-Debüt. (v.li.) Kurt Neumann, Erwin Pajonk, Kurt Küppers und „Bubi" Hetzel, Willy Ostermann und Hans Krämer.

13
Bayer 04 Leverkusen – FC Schalke 04 2:0 (1:0), 23. März 1952, 17.000 Zuschauer

Die Werksmannschaft aus Leverkusen debütierte mit hervorragenden Ergebnissen in der Oberliga West. Als Punktegarant wirkte vor allem Torhüter Fredy Mutz („Wir waren mutige und harte Torleute"), der auch in dieser Szene seinem Motto treu blieb: „Abklatschen gab's nicht. Ich habe alle festgehalten." Verteidiger Frömmel und Schalkes Malinowski beobachten die Situation.

Das kleine Stadion „Am Stadtpark" mit seiner einfachen Holztribüne war für ca. 15.000 Zuschauer ausgelegt. Mutz bemerkte dazu schelmisch: „Die Leute waren damals schmaler, jetzt würden da keine 8.000 mehr reingehen."

14

**Rot-Weiss Essen – SpVgg. Erkenschwick 4:6 (0:5),
27. Januar 1952, 12.000 Zuschauer**

Eine Partie, die als „Das Petroleum-Spiel" in die Geschichte einging. Erkenschwick bis dato Tabellenvorletzter musste beim Spitzenreiter RWE antreten. An diesem 27. Januar 1952 war der Platz an der Hafenstraße vereist. Die Stimberger hatten als gestandene Bergleute einen Kanister Petroleum mitgebracht und nässten damit ihre Sohlen, damit Schnee und Eis nicht an den Schuhen haften blieb.

Die NRZ berichtete: „So bot Rot-Weiss auf dem glatten Rasen im ersten Spielabschnitt eine kümmerlich-hilflose Leistung. Die Spieler rutschten im Stile von Eishockeycracks über den schneeglatten Rasen. Mehr als einmal wurden sie von den Gästen lächerlich gemacht. Die Verzweifelung über ihre Hilflosigkeit ging bei den Essenern so weit, dass erst Rahn und dann Zaro versuchten, auf Socken weiterzuspielen." Der Halbzeitstand von 0:5 spricht Bände über die Vergeblichkeit des Unterfangens.

In der Halbzeitpause besorgte Georg Melches ebenfalls einen Kanister Petroleum, so dass das Spiel nun den erwarteten Verlauf nahm. Ein Tor von Jule Ludorf rettete Erkenschwick schließlich doch noch die wichtigen Punkte im Abstiegskampf.

Ein Tumult vor dem Erkenschwicker Tor in der zweiten Halbzeit (v.li.): August Gottschalk, Kurt Zaro, Erkenschwicks Torhüter Neisen und Stopper Silvers (5).

15

FC Schalke 04 – 1. FC Saarbrücken 2:4 (1:2), Endrunde Deutsche Meisterschaft, 2. Juni 1952, 35.000 Zuschauer

Schalkes Helmut Malinowski, Berni Klodt, Hennes Kleina & Kollegen waren in den Gruppenspielen um die Deutsche schlichtweg überfordert und belegten abgeschlagen den letzten Gruppenplatz.

16
Rot–Weiss Essen – VfL Osnabrück 2:0 (1:0), Endrunde Deutsche Meisterschaft, 25. Mai 1952, 18.000 Zuschauer

Heinz Hinz und August Gottschalk „stehen" in der Luft. Nach drei Niederlagen in Folge war für den Westmeister die Endrunde um die ‚Deutsche' schon nach der Vorrunde erledigt. Trotzdem packte die Gottschalk-Elf noch einmal an und rehabilitierte sich: drei Rückrundensiege, unter anderem über den späteren Deutschen Meister VfB Stuttgart, folgten.

1

Rot-Weiss Essen – ETB Schwarz-Weiß Essen 1:1, abgebrochen, 21. September 1952, 8.000 Zuschauer

„Ein Tor würde dem Spiel gut tun." Auch Marcel Reifs und Günter Jauchs legendärer Dialog vor dem Champions League Spiel Real Madrid gegen Borussia Dortmund von 1998, als im Stadion Santiago Bernabeu vor dem Spiel ein Tor umgekippt war, hatte ihren historischen Vorgänger: in Essen, 1952.

In der 36. Minute des Essener Ortsderbys landeten der ETBler Günter Friesenhagen und der Ball im Netz der Rot-Weißen. Als sich Keeper Fritz Herkenrath (li.) umdrehte, ragte nur noch ein einsamer Torpfosten aus dem regentiefen Rasen. Schiedsrichter Hüren eilte zur Unglücksstelle und beratschlagte mit den Spielern, was zu tun sei. „Handwerker werden gesucht! Handwerker wollen sich bitte melden!" hallte es über die Lautsprecher. Aber es half nichts. Nach den gültigen Regeln wurde das Spiel abgebrochen und eine hitzige Diskussion über Ersatzgehäuse entbrannte.

„Gesägt wurde nicht an dem Torpfosten, obwohl einige das vernehmlich über den Platz riefen. Die Bruchstücke wurden sogleich unter Versschluss gestellt, damit sich die Verbandsfunktionäre davon überzeugen können", hieß es anschließend in einer Erklärung von Rot-Weiss, die jeden Zweifel auf Manipulation ausschließen sollte.

Die Torjäger der Saison 1952/53

Hans Schäfer (1. FC Köln)	**26**
Karl Hetzel (Meidericher SV)	**25**
Hans Müller (Fortuna Düsseldorf)	**21**
Siegfried Rachuba (SC Preußen Münster)	**20**
Franz Islacker (Rot-Weiss Essen)	**19**

Die Saison 1952/53

OBERLIGA WEST 1952/53	Bor. Dortmund	1. FC Köln	RW Essen	Meidericher SV	Alem. Aachen	FC Schalke 04	Preußen Münster	Preußen Dellbrück	Fort. Düsseldorf	Bayer Leverkusen	SV Sodingen	STV Horst-Emscher	ETB SW Essen	Bor. M'gladbach	Spfr. Katernberg	SpVgg. Erkenschwick	Tore	Punkte
1. Bor. Dortmund	•	4:2	1:2	1:2	1:0	1:0	1:1	2:2	5:2	4:0	7:1	7:0	5:0	4:0	5:1	3:1	87:36	46:14
2. 1. FC Köln	5:1	•	2:1	2:0	3:1	4:2	1:1	2:0	5:2	2:2	1:1	9:2	5:2	6:0	7:3	4:0	86:42	43:17
3. RW Essen (M)	0:2	3:0	•	1:2	5:2	2:0	3:2	3:1	1:2	8:1	2:2	2:0	8:1	4:0	4:1	9:0	86:40	40:20
4. Meidericher SV	1:1	3:2	1:2	•	4:0	3:1	4:2	1:0	3:1	4:1	2:2	5:2	3:0	2:0	5:3	3:2	63:51	36:24
5. Alem. Aachen	1:3	3:2	4:1	5:2	•	4:0	3:3	3:1	3:1	2:2	1:1	2:1	4:1	4:1	1:1	2:0	61:57	34:26
6. FC Schalke 04	0:1	1:1	2:2	1:4	7:1	•	4:4	0:1	3:2	4:0	2:2	1:0	3:2	2:0	4:0	3:1	67:49	33:27
7. Preußen Münster	3:3	0:3	2:3	2:0	3:1	1:2	•	2:3	3:1	4:1	2:0	4:1	2:1	1:2	4:3	7:0	74:60	32:28
8. Preußen Dellbrück	1:2	1:0	1:0	4:0	1:3	0:2	2:3	•	0:2	6:1	0:0	3:1	4:2	3:1	1:0	9:0	52:39	31:29
9. Fort. Düsseldorf	2:3	2:0	0:2	4:3	3:4	2:1	3:1	3:2	•	5:1	2:0	5:1	1:0	1:1	7:2	3:0	68:60	30:30
10. Bayer Leverkusen	1:1	2:2	2:2	1:1	2:1	1:2	2:2	1:3	2:1	•	2:0	2:0	2:1	2:2	4:1	2:1	50:68	29:31
11. SV Sodingen (N)	1:2	0:1	1:1	2:0	3:1	4:4	4:2	0:0	3:1	1:2	•	2:3	3:1	1:0	7:2	2:2	47:54	25:35
12. STV Horst-Emscher	3:2	1:2	1:0	1:1	2:0	1:0	1:3	0:0	3:3	0:6	1:0	•	2:2	4:0	3:0	3:2	42:73	23:37
13. ETB SW Essen	1:4	1:2	4:2	1:1	0:1	1:4	0:3	1:1	3:2	1:1	1:0	4:1	•	5:0	6:2	4:2	54:76	22:38
14. Bor. M'gladbach (N)	0:0	0:6	0:7	2:1	2:2	2:6	2:2	1:1	3:2	0:2	3:2	1:0	2:4	•	1:1	2:0	31:80	21:39
15. Spfr. Katernberg*	1:3	1:2	2:3	2:2	0:1	0:5	3:3	1:1	2:1	3:2	5:1	3:2	4:1	2:3	•	5:0	57:91	19:41
16. SpVgg. Erkenschwick*	2:8	2:3	1:3	3:0	1:1	2:1	3:2	2:0	0:2	4:0	1:1	2:2	2:3	3:0	2:3	•	41:90	16:44

2
**Rot-Weiss Essen – FC Schalke 04 2:0 (0:0), 1. März 1953,
40.000 Zuschauer**

3
Glück-Auf-Kampfbahn des SV Sodingen, April 1953

Mit dem SV Sodingen stieg 1952 ein neuer Verein in die Oberliga West auf, der den Mythos des Vorstadt- und Malochervereins noch einmal neu beleben sollte.

Der Herner Stadtteil stand ganz im Zeichen der Zeche Mont-Cenis. 1947, noch in der Kreisliga, gingen die jungen Spieler des SVS von Haus zu Haus und sammelten Kohle, um sie gegen einen „Satz Kluften" einzutauschen. Fünf Jahre später stieg die Mannschaft in der Belle Etage des Westens auf.

„Als wir nach unserem Aufstieg nach Hause fuhren, war die Autobahnausfahrt mit einem handgeschriebenen Schild versehen: SV Sodingen = Oberligist! In Sodingen selbst erwarteten uns so viele Menschen, dass wir nur noch zu Fuß durchkamen", erinnert sich Torhüter Alfred Schmidt, einer der „Idole" des Vereins, der seine ganze Karriere beim SVS verbrachte.

4
**BV Borussia Dortmund – STV Horst-Emscher 7:0 (1:0),
8. Februar 1953, 5.000 Zuschauer**

Auch Heinz Flotho konnte den Untergang im Dortmunder Schneetreiben nicht verhindern. Die Emscher-Husaren kassierten in der zweiten Halbzeit sechs Tore.

5
**FC Schalke 04 – Borussia Mönchengladbach 2:0 (1:0),
4. Januar 1953, 10.000 Zuschauer**

Der zweite Versuch der Gladbacher sich in der Oberliga West zu etablieren. In der Saison 1950/51 war man sang- und klanglos sofort wieder abgestiegen, diesmal retteten sich die Männer vom Niederrhein auf den „ersten" Nichtabstiegsplatz. Die Verteidiger Peters, Dohmen, Heine und Torhüter Halvas versuchen auf dem glatten Schneeboden, den Ball zu sichern. Schalkes Günter „Forelle" Siebert liegt bereits auf dem Hosenboden.

Die Saison 1952/53

6
SC Preußen Münster – 1. FC Köln 0:3 (0:2), 14. Dezember 1952, 25.000 Zuschauer

Der 1. FC Köln an der Spitze: Der Oberliga West-Startrekord der Domstädter von elf Siegen in Folge endete erst beim Konkurrenten Borussia Dortmund. Den Borussen mussten die in der Rückrunde schwächelnden Kölner auch in Sachen Westmeisterschaft den Vortritt lassen. Trotzdem war es das bisher erfolgreichste Jahr des erst fünf Jahre alten Fusionsclubs.

„Die Entwicklung des FC war explosionsartig", erinnert sich Jupp Röhrig, der 1950 von Germania Zündorf gekommen war. „Es war schon eine Leistung vom Präsidenten Franz Kremer aus zwei Bezirksklassemannschaften ein Spitzenteam zu formen. Wir haben es durch Turniere im Ausland geschafft, international anerkannt zu werden. In Frankreich und in Belgien. Das war uns als Kölner wichtig, und Kremer hatte dorthin gute Beziehungen."

Auf dem Weg zum Spiel (von rechts): Alois Schulte, Hans Schäfer, Fiffi Gerritzen (verdeckt), Walter Lesch, Jupp Röhrig und Torwart Camps.

7
Kneipe von Berni Klodt, Gelsenkirchen, Juli 1952

Gaststätten, Lotto-Annahmestellen und Tankstellen gehörten zu der beruflichen „Versorgung" wichtiger Spieler in den 1950er Jahren. Meistens beteiligten sich die Vereine entweder durch Kontakte oder auch finanziell an der Absicherung ihrer „Stars", die allerdings durchaus als Wirt oder Tankstellenpächter täglich „im Betrieb" anzutreffen waren.

Berni Klodt bewirtschaftete zusammen mit seiner Frau Annette von 1952 bis 1963 die Gaststätte „Zum Schalker Kreisel" (vorher: Glückauf-Bräu) am Schalker Markt 7.

8
**Rot-Weiss Essen – ETB Schwarz-Weiß Essen 8:1 (4:1),
25. Dezember 1952, 12.000 Zuschauer**

Ein deutlicher Sieg der Männer von der Hafenstraße im „Torpfosten-Wiederholungsspiel", das die Neue Ruhr-Zeitung (NRZ) wie folgt kommentierte: „In Bergeborbeck wackelte diesmal kein Torpfosten, aber es wackelte die Wand. Achtmal auf der einen, einmal auf der anderen Seite. Es wurde also allerlei geboten für die, die es am ersten Weihnachtstage nach Fußball gelüstete."

Helmut Rahn lässt seinen Gegenspieler Fritz Krack stehen. Zu diesem Duell bemerkte die NRZ: „Dieser Helmut Rahn stellte durch seinen Trickreichtum (armer Krack), durch seine nicht zu bremsenden Spurts und durch seine uneigennützigen (!) Bilderbuchvorlagen alles in den Schatten. Ein schreckliches Tor schoss er selbst, vier weitere servierte er."

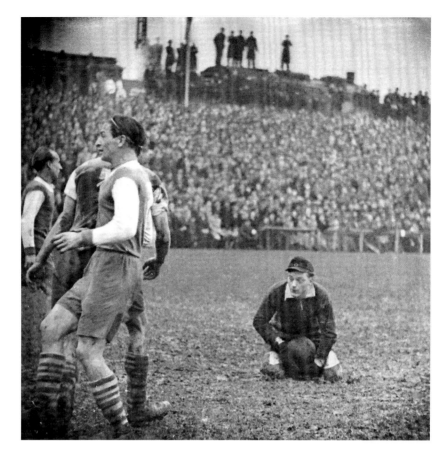

9
**Sportfreunde Katernberg – Rot-Weiss Essen 2:3 (0:0),
19. April 1953, 9.000 Zuschauer**

Durch die Niederlage gegen den großen Lokalkonkurrenten war Katernbergs Abstieg besiegelt und der Absturz der Sportfreunde durch die Fußball-Ligen bis in die Kreisliga begann. Auch Leistungsträger Helmut Penting (li.) und Torhüter Heinz Kubsch konnten den Abstieg nicht verhindern.

10
**SpVgg. Erkenschwick – Meidericher SV 3:0 (1:0),
16. November 1952, 5.000 Zuschauer**

Auch „Am Stimberg" läutet das Ende einer Ära ein. Die Himmelsstürmer von einst mussten nach sechs Jahren ihren Platz in der Oberliga räumen. Mit Katernberg und Erkenschwick stiegen zwei „Bergarbeitervereine" ab und kehrten nicht wieder. Torhüter Karl-Heinz Golbach klärt vor Meiderichs „Bubi" Hetzel.

11
**FC Schalke 04 – 1. FC Köln 1:1 (1:0), 22. März 1953,
55.000 Zuschauer**

Die Einsamkeit des Torhüters: Kölns Frans de Munck in der voll besetzten Glückauf-Kampfbahn.

12
**BV Borussia Dortmund – FC Schalke 04 1:0 (0:0),
19. April 1953, 43.000 Zuschauer**

Ausgerechnet im Spiel gegen den Revier-Rivalen brachte der BVB die vierte Westmeisterschaft unter Dach und Fach (v.li.): Kurt Sahm, Heini Kwiatkowski, Erich Schanko, Alfred Niepieklo, Adi Preißler, Pat Koschmieder, Max Michallek, Alfred Mikuda, Franz Farke, Ede Kasperski und Hans Flügel. Trainer Hans „Bumbas" Schmidt hält den Ball in der Hand.

Schmidt hatte bereits Schalke 04 in der Vorkriegszeit (1934 bis 1938) und den VfR Mannheim (1949 mit dem Finalsieg gegen den BVB) zur Deutschen Meisterschaft geführt. In Dortmund agierte der Franke, dessen Traum es war, den BVB zur ersten Meisterschaft zu führen, jedoch glücklos.

13

1. FC Köln – 1. FC Kaiserslautern 1:2 (0:1), Endrunde um die Deutsche Meisterschaft, 10. Mai 1953, 62.500 Zuschauer

Tore von Fritz und Ottmar Walter entschieden das Endrunden-Heimdebüt der Kölner im Müngersdorfer Stadion. Die Pfälzer marschierten ungeschlagen durch die Endrunde und sicherte sich später mit einem klaren 4:1-Endspielsieg über den VfB Stuttgart die zweite Nachkriegsmeisterschaft.

(rechts) Die Lauterer Willi Wenzel, Fritz Walter und Werner Kohlmeyer mit dem Kölner Hans Schäfer.

14
BV Borussia Dortmund – Hamburger SV 4:1 (1:0), Endrunde um die Deutsche Meisterschaft, 24. Mai 1953, 37.000 Zuschauer

Ede Kasperski im Kopfballduell gegen Hamburgs Torhüter Horst Schnoor. Alfred Niepieklo (li.) und Rückkehrer Adi Preißler (8) beobachten die Aktion.

Borussia Dortmund avancierte zur unglücklichsten Mannschaft der Endrunde. Fünf Siege in fünf Spielen, fünf Wochen lang Tabellenführer der Gruppe 2, um sich am letzten Spieltag im ausverkauften Neckarstadion den VfB Stuttgart mit 2:1 geschlagen geben zu müssen. Mit gleicher Punktzahl (10:2) zog der VfB mit dem besseren Torquotienten (2,67 zu 2,43), der damals noch im Divisionsverfahren ermittelt wurde, in das Finale ein.

15

Rot-Weiss Essen – Alemannia Aachen 2:1 (1:0), Endspiel um den DFB-Pokal, 1. Mai 1953, Düsseldorf, 38.000 Zuschauer

In der Endrunde um die Deutsche Meisterschaft glücklos, zeigte der Westen im erstmals ausgetragenen DFB-Pokal seine Klasse. „Jahnels Regie, Rahns Rasanz und Herkenraths Paraden sicherten Essens Sieg", titelte später das „Sport-Magazin". Aachen Trainer Hermann Lindemann führte vor allem psychologische Faktoren als Ursache für die Niederlage seiner Elf an: „Die Endspielbelastung hat uns im Gegensatz zu den großkampfgewohnten Essenern erdrückt."

(oben) Torhüter Fritz Herkenrath rettete mit seinem kompromisslosen Einsatz Essens Pokalsieg, der gerade in der Schlussphase nach dem Anschlusstreffer von Jupp Derwall durch wütende Angriffe der Alemannen in Gefahr geriet.

(links) Der Pokalsieger mit Willi Köchling, Clemens Wientjes, Helmut Rahn, August Gottschalk, Paul Jahnel, Penny Islacker, Heinz Wewers (verdeckt) und Berni Termath. Die Trophäe, der ehemalige Tschammer-Pokal, hatte die Kriegszeit unter dem Bett des Vorsitzenden von Vienna Wien, dem letzten Pokalsieger von 1943, überstanden und wurde dem DFB 1953 zurückgegeben.

1
Bundesrepublik Deutschland – Ungarn 3:2 (2:2), Finale der Fußball-Weltmeisterschaft 1954, Wankdorfstadion, Bern, 4. Juli 1954, 63.000 Zuschauer

Helmut Rahn (12) und Hans Schäfer (20) beim Jubel im Wankdorfstadion. Die beiden Männer aus der Oberliga West waren an zwei deutschen Toren entscheidend beteiligt: Beim 2:2 durch Rahn irritierte Schäfer am kurzen Pfosten den ungarischen Torhüter Grosics, so dass die Ecke von Fritz Walter über alle Köpfe hinweg zum Boss schwebte, der per Dropkick vollendete. Vor dem entscheidenden 3:2 eroberte der Kölner durch einen robusten Zweikampfeinsatz den Ball von Bozsik. Als dritter Westvertreter in der Endspielelf stand „Fußballgott" Toni Turek zwischen den Pfosten.

Der Historiker Arthur Heinrich schrieb in seinem Buch „3:2 für Deutschland", erschienen im Verlag Die Werkstatt, Göttingen, über den WM-Titel:

„Wer die Bedeutung des 3:2 ermessen will, muss beim Selbstwertgefühl derer beginnen, die da unversehens zu Weltmeistern gemacht worden waren. Die Deutschen hatten in zwölf Jahren die Welt um ihr moralisches Gefüge und sich selbst um ihre Identität gebracht. Sie hatten einen Krieg angefangen und verloren, standen als Täter da, von denen alle wussten, dass sie Verbrechen in einem Ausmaß begangen oder geduldet hatten, das zuvor niemand für möglich hielt. (…) Eine Nation, die sich als Gemeinschaft schuldig gemacht hatte, stürzte sich auf den Wiederaufbau, arbeitete noch verbissener als zuvor und versuchte auf diese Weise, ein Stück Normalität wiederzugewinnen. Und dann fiel das 3:2."

Die Torjäger der Saison 1953/54

Hans Schäfer (1. FC Köln)	26
Alfred Kelbassa (STV Horst-Emscher)	21
Helmut Rahn (Rot-Weiss Essen)	18
Josef Schmidt (Alemannia Aachen)	17
Otto Laszig (FC Schalke 04)	16
Willi Vordenbäumen (Rot-Weiss Essen)	16

Die Saison 1953/54

OBERLIGA WEST 1953/54	1. FC Köln	RW Essen	FC Schalke 04	Preußen Münster	Bor. Dortmund	ETB SW Essen	Bayer Leverkusen	VfL Bochum	Alem. Aachen	Fort. Düsseldorf	Meidericher SV	Bor. M'gladbach	Preußen Dellbrück	SV Sodingen	Rheydter SV	STV Horst-Emscher	Tore	Punkte
1. 1. FC Köln	•	0:5	2:3	8:1	4:1	7:0	7:3	5:0	1:1	2:0	3:1	3:0	1:0	4:2	1:0	4:0	83:43	41:19
2. RW Essen	3:1	•	4:2	3:0	4:2	2:1	4:3	0:0	2:1	4:2	1:2	1:0	4:1	6:3	2:1	2:1	75:49	40:20
3. FC Schalke 04	1:1	4:1	•	4:4	0:3	3:0	0:1	1:0	7:1	1:3	4:1	8:2	1:1	4:1	7:0	4:0	76:51	39:21
4. Preußen Münster	2:0	3:1	3:0	•	4:2	6:2	4:0	1:2	1:2	0:0	1:1	0:0	2:2	1:1	3:0	3:0	60:54	33:27
5. Bor. Dortmund (M)	2:2	5:2	3:4	1:1	•	2:3	4:1	3:0	1:0	3:2	2:1	3:3	4:0	3:2	1:2	3:0	69:58	32:28
6. ETB SW Essen	1:1	3:4	1:1	1:1	5:2	•	1:2	0:1	7:1	2:3	3:1	6:1	1:1	2:0	4:1	5:1	72:53	31:29
7. Bayer Leverkusen	3:3	3:2	1:1	2:1	0:1	0:6	•	2:1	0:2	2:4	1:1	6:2	2:1	3:2	5:1	4:1	58:67	31:29
8. VfL Bochum (N)	3:2	4:3	2:3	2:0	1:3	1:7	3:2	•	3:2	5:1	3:2	2:3	3:1	0:0	2:0	1:2	50:58	31:29
9. Alem. Aachen	4:2	1:0	2:3	7:2	0:1	2:1	0:1	4:5	•	2:1	3:3	2:2	1:2	2:1	3:0	3:1	59:59	28:32
10. Fort. Düsseldorf	0:2	0:2	4:0	1:2	3:2	0:1	4:0	0:0	1:0	•	3:0	3:1	2:3	3:0	8:1	1:1	53:49	27:33
11. Meidericher SV	1:1	1:4	1:1	3:3	0:0	2:1	2:1	0:0	4:1	1:0	•	3:3	3:1	0:1	1:0	4:0	46:55	27:33
12. Bor. M'gladbach	0:3	1:4	0:1	2:2	0:8	3:0	0:0	3:0	2:1	4:0	4:1	•	1:2	2:1	3:1	4:1	56:73	27:33
13. Preußen Dellbrück	0:2	0:0	2:2	0:2	4:2	1:1	1:2	1:4	2:1	1:0	0:1	5:4	•	0:1	2:1	2:0	41:55	27:33
14. SV Sodingen	1:2	0:4	3:0	1:2	3:1	2:0	3:1	2:0	0:4	1:2	4:2	5:4	2:2	•	2:0	0:0	46:56	26:34
15. Rheydter SV (N)*	2:6	2:0	2:3	3:2	4:1	1:3	2:4	1:1	2:2	2:1	3:2	1:2	3:0	0:2	•	6:1	45:76	20:40
16. STV Horst-Emscher*	3:3	2:1	2:3	3:3	3:0	0:4	3:3	4:1	1:4	4:1	3:1	0:0	2:3	2:0	2:3	•	43:76	20:40

2

Hans Schäfer, 1. FC Köln, August 1953

Ein großes Jahr für den technisch versierten und kampfstarken Linksfuß: Zum zweiten Mal die Torjägerkrone, zum ersten Mal Westmeister mit dem 1. FC Köln und dann seine maßgebliche Beteiligung am „Wunder von Bern".

Nach der WM 1954 kam niemand mehr an „De Knoll" (was auf Kölsch in etwa „der Dickkopf" bedeutet) vorbei und die internationalen Gazetten schwärmten vom „besten Linksaußen der Welt".

3

Meidericher SV – BV Borussia Dortmund 0:0, 9. August 1953, 20.000 Zuschauer

Halbzeit-Disput zwischen Trainer „Bumbas" Schmidt und Adi Preißler (re.). Erich Schanko, Herbert Sandmann und Max Michallek üben sich darin, möglichst unbeteiligt auszusehen.

Am Ende der Saison blieb für den BVB nur ein fünfter Platz, die schlechteste Platzierung des Vereins seit Beginn der Oberliga, und Schmidt räumte die Trainerbank für Helmut Schneider.

5
**Rot-Weiss Essen – SC Preußen Dellbrück 4:1 (2:1),
9. August 1953, 17.000 Zuschauer**

Berni Termath, der „Windhund am linken Flügel", zieht kraftvoll an Dellbrücks Schlömer vorbei. Zusammen mit Helmut Rahn bildete er bei RWE „Deutschlands wohl populärste Flügelzange", wie die Presse schrieb.

4
**Rot-Weiss Essen – VfL Bochum 0:0, 10. Januar 1954,
10.000 Zuschauer**

Bochums Torhüter Richard Duddek bei der Präparierung seines Fünf-Meter-Raums. Auf den Schneebelag wurde Sägespäne gestreut, die ein Ausrutschen verhindern sollten.

6
SV Sodingen – FC Schalke 04 3:0 (1:0), 1. November 1953, 24.000 Zuschauer

Der Vorortverein SV Sodingen hielt sich auch im zweiten Jahr in der Oberliga. Auf seine Zuschauer konnte sich der Verein verlassen: „Die Grün-Weißen, der Verein, das ist praktisch die ganze Sodinger Bürgerschaft", konstatierte die Presse.

(rechts) Die Verbundenheit zum Bergbau: Bergmann „Schorsch" Traeger begleitete seinen SVS mit Helm, Grubenlampe und Arschleder zu allen Spielen. Daneben die Sodinger Spieler Hans Flaas (verdeckt), Alfons „Alu" Nowak, Weschollek, Torwart Alfred Schmidt und Knacki Bothe.

Die Saison 1953/54

7
VfL Bochum – Rheydter SV 2:0 (2:0), 17. Januar 1954, 10.00 Zuschauer

Der Ball muss kommen! Bochums Angreifer und Rheydts Verteidiger inklusive Torhüter Georg „Katze" Rothers warten auf die Hereingabe.

8
**FC Schalke 04 – SC Preußen Münster 4:4 (2:2),
14. Februar 1954, 30.000 Zuschauer**

9
STV Horst-Emscher – Meidericher SV 3:1 (0:0), 18. Oktober 1953, 8.000 Zuschauer

Leere Ränge in Horst. Der STV, Gründungsmitglied der Oberliga West, verabschiedete sich nach sieben Jahren der Erstklassigkeit in die 2. Liga West. Duisburgs Kurt „Bello" Küppers legt den Ball an Horsts Torhüter Heinrich Mäusezahl vorbei.

10
1. FC Köln – FC Schalke 04 2:3 (1:3), 21. Februar 1954, 51.000 Zuschauer

Bereits im Februar 1954 standen die Fußball-Träume in Sülz-Klettenberg in voller Blüte. Da Borussia Dortmund schwächelte, entstand an der Tabellenspitze ein Dreikampf zwischen Schalke 04, Rot-Weiss Essen und dem 1. FC, der im Dezember die Tabellenführung übernommen hatte. Die Kölner Heimniederlage im Spitzenduell ließ die Spitze noch enger zusammenrücken.

Schalkes Torhüter Manfred Orzessek pariert einen Schuss – beobachtet von Walter Zwickhofer, Erwin Harkener, Hans Schäfer und Werner Garten.

11

SV Sodingen – SC Preußen Münster 1:2 (1:2), 15. November 1953, 15.000 Zuschauer

Sodingens erster Nationalspieler Gerd Harpers klärt vor Fiffi Gerritzen. „Wir waren eine verschworene Gemeinschaft, technisch nicht überdurchschnittlich, aber vom Kampf konnte uns keiner das Wasser reichen", erinnert sich Gerdi Harpers an das „Phänomen" Sodingen und erzählt: „Manchmal haben wir uns nur angeguckt und dann wortlos: Kämpfen bis zum Umfallen! Wir waren einfache Arbeiterjungens und für uns alle war es eine Ehre, in der ersten Mannschaft zu spielen. Ob in Meiderich, Dellbrück oder Essen: Man stand für seinen Verein. Spieler wie Adi Preißler, Hans Schäfer oder August Gottschalk haben über Jahre hinweg ihren Verein geprägt. Jeder wollte weiter kommen, über den Fußball einen guten Beruf finden. Das es als Vertragsspieler auch schon etwas Geld zu verdienen gab, war für uns ein Geschenk des Himmels."

12

VfL Bochum – Rheydter SV 2:0 (2:0), 17. Januar 1954, 10.000 Zuschauer

Niedergeschlagenheit beim Rheydter SV: Auch Stopper Erich Röhnert und Jean Paffrath können den Abstieg nicht verhindern, was die „Fans" des Vereins in Rage trieb. Nach einem erneut verlorenen Heimspiel stürmten sie die Tribüne und verprügelten die Vorstandsmitglieder des Vereins, in ihren Augen „die wahren Schuldigen" des Abstiegs.

Die Saison 1953/54

13

Rot-Weiss Essen – FC Schalke 04 4:2 (2:1), 11. April 1954, 36.000 Zuschauer

Finale I: Noch nie zuvor war eine Entscheidung über die Westmeisterschaft so eng. Am letzten Spieltag empfing der Tabellendritte Rot-Weiss (38:20 Punkte) mit Schalke 04 den Tabellenzweiten (39:19 Punkte), der wiederum punktgleich mit dem 1. FC Köln war. Nach 85. Minuten zeichnete sich noch keine Entscheidung ab, bis im Verfolgerduell späte Tore von Penny Islacker (87. Min.) und Helmut Rahn (89. Min.) Rot-Weiss auf die Siegerstraße brachte.

Schalkes Torhüter Manfred Orzessek kann den Ball noch vor Willi Vordenbäumen und dem wuchtig heran stürmenden August Gottschalk sichern.

14
SV Sodingen – 1. FC Köln 1:2 (1:0), 11. April 1954, 28.000 Zuschauer

Finale II: Der 1. FC Köln brauchte am letzten Spieltag unbedingt einen Sieg, um sich erstmals die Westmeisterschaft zu sichern. Die Domstädter rannten lange Zeit vergebens einem Rückstand hinterher, bis Jupp Röhrig in der 55. Minute einen Elfmeter zum Ausgleich verwandelte. Auch weiterhin vergaben die Kölner Chancen um Chancen oder fanden in Sodingens Torhüter Alfred Schmidt ihren Meister, der später folgende Anekdote erzählte:

Sodingens Kapitän Leo Konopcynski habe vor dem Spiel mit einem Scheck über 550,- Mark in der Kabine herumgewedelt. Angeblich sei das Geld aus dem Umfeld von Schalke 04 gekommen, und jeder Spieler sollte 50 Mark erhalten, wenn man den 1.FC Köln schlagen würde. „Und tatsächlich", so Schmidt, „stand es lange 1:1. Dann kam eine harmlose Flanke und ich ließ den Ball durch die Hände rutschen und Walter Müller köpfte zwei Minuten vor Schluss zum 2:1 für den 1. FC ein, der damit Westmeister wurde. Der Konop musste den Scheck zurückgeben, und mir haben die Leute eine Woche lang auf der Straße zugerufen: ‚Na, Alfred, hast Du dafür von den Kölnern ein neues Schlafzimmer bekommen?' – Kaputt habe ich mich geärgert!"

Ob der Dramatik ging auch der „Sport-Beobachter" mit dem neuen Meister hart ins Gericht: „Man müsste sie alle anklagen, die Müller, Schäfer, Nordmann, Röhrig. Wegen Gesundheitsschädigung. Denn Tausende von Kölner Schlachtenbummlern starben hundert Tode, sie wurden fast zur Raserei gebracht."

15
Westmeister 1. FC Köln, Sodingen, 11. April 1954

Die Domstädter als frischgebackener Westmeister unter einem Förderturm: Haudegen Hans Graf, der zu den Gründungsspielern der Geißböcke gehörte, auf den Schultern der Fans.

Am Ende war es für den 1. FC jedoch eine Saison mit vielen Höhepunkten, aber ohne großen Titel. Im entscheidenden Spiel um den Einzug in das Endspiel um die „Deutsche" unterlag man dem 1. FC Kaiserslautern mit 3:4 und im DFB-Pokalfinale dem VfB Stuttgart mit 0:1 nach Verlängerung.

Die verpassten Chancen hallten jedoch nach. „Wer ahnte, dass die Mannschaft nun über zwei Jahre einen Rückschlag erleiden würde, der sie sogar vorübergehend an den Rand des Abstiegs brachte", kommentierte eine Kölner Vereinschronik die anhaltende Depression nach den kurzen Höhepunkten.

16
Bundesrepublik Deutschland – Ungarn 3:2 (2:2), Endspiel der Fußball-Weltmeisterschaft 1954, Wankdorfstadion, Bern, 4. Juli 1954, 63.000 Zuschauer

Alles ist da, was zum Mythos des Wunders von Bern gehört: „Toblerone" verkünden die großen Werbelettern auf dem Uhrenturm im Wankdorfstadion. Die große Uhr zeigt die 39. Spielminute in der zweiten Hälfte. Darunter ist mit Schildern der Spielstand vermerkt: Ungarn 2 – Deutschland 2. Das Stadion ist gefüllt, und das trübe Wetter verleiht dem Foto einen Grauschleier. Die Fahnen an den Masten wehen nicht, sondern hängen regennass herab.

Im Vordergrund die Spieler: Helmut Rahn hat beobachtet von Schiedsrichter Ling abgezogen. Das runde Leder zischt über den Rasen und zwei ungarische Spieler haben vergeblich versucht, den Ball zu blocken, der wenig später rechts unten im ungarischen Netz zappeln wird.

Ein Bild des Fotografen Kurt Müller. Es hätte berühmt werden können. Stattdessen dominieren eine gewisse Unschärfe und helle, fast lodernde Flecken das Foto, die von einer fahrlässigen Entwicklung des Films zeugen. Am richtigen Platz in der richtigen Sekunde auf den Auslöser gedrückt – und doch vergebens.

1

**Sportfreunde Katernberg – 1. FC Köln 1:1 (0:0),
7. Oktober 1951, 12.000 Zuschauer**

Fritz Herkenrath – bestaunt von Otto Majewski (9), Jupp Röhrig, Willi Vordenbäumen und Hans Graf – mit einer Faustabwehr am Katernberger Lindenbruch. Nach einem unglücklichen Jahr beim 1. FC sollte der gebürtige Dellbrücker nach Essen übersiedeln und sich dort über Jahre hinweg als Erfolgsgarant zwischen den Pfosten bewähren.

Fritz Herkenrath – Der fliegende Schulmeister

Herr Herkenrath, Sie sind als Torhüter von Rot-Weiss Essen und Nationalspieler der 1950er Jahre bekannt. Aber Sie gehörten schon 1947 zu den Gründungsmitgliedern der Oberliga West. Dabei waren Sie nicht einmal ein richtiger Fußball-Torwart, oder?

Ja, das stimmt. Nach dem Krieg habe ich in meinem Geburtsort Köln-Dellbrück mit Feldhandball angefangen und später beim TV Dellbrück gespielt. Anfangs im Feld, später wurde ich ins Tor geschickt, weil unser Stammtorwart bei der Post Sonntagsdienst hatte und kein frei bekam. Auf den damaligen Aschenplätzen habe ich mir trotz einer geliehenen Stepphose ganz schön die Hüfte und die Oberschenkel aufgeschrammt. Dann kam so ein Mannschaftsbetreuer alter Prägung und schmierte mir Jod auf die offenen Stellen. Mein Lieber! Da denke ich heute noch dran (lacht). So bin ich also Handballtorwart geworden.

Wie kam der Wechsel zum Fußball?

Eines Sonntags gab es eine Doppelbegegnung in Köln-Deutz: Erst Feldhandball, danach Fußball. Die Fußballer von Preußen Dellbrück kamen frühzeitig ins Stadion und sahen den Herkenrath im Feldhandballtor, der wohl keinen schlechten Eindruck machte. Kurze Zeit später sprach mich ein Obmann des Vereins an, ob ich nicht Lust hätte, Fußball zu spielen. Ich sagte: „Ja, aber nicht im Tor!" – „Na ja", sagte der, „fang mal im Tor an." Also spielte ich mit geliehenen Schuhen in der Reserve und in der Woche darauf schon in der Bezirksligamannschaft gegen den MSV Mülheim. Es war ein Derby mit vielen Zuschauern. Ich hatte nie ein Jugendspiel bestritten und jetzt direkt mein zweites Fußballspiel gleich vor einer großen Kulisse. Morgens vor dem Spiel wurde mir richtig mulmig zu Mute, so dass meine Mutter mir ein 4711-Fläschchen unter die Nase halten musste, damit es besser ging. Aber ich war jung und waghalsig und warf mich im direkten Hechtsprung vor die Füße der gegnerischen Angreifer, um ein Tor zu verhindern. Wir gewannen 2:1, und die Preußen waren zufrieden.

Sie haben sich 1947 mit Preußen Dellbrück sogar für die neue Oberliga West qualifiziert!

Es kam für uns das Glück dazu, dass wir als Preußen-Mannschaft ganz klein anfangend immer höher kamen und parallel eine Neuorganisation der Fußball-Ligen stattfand. Wir gewannen einige Qualifikationsspiele gegen höher eingeschätzte Mannschaften und gehörten plötzlich zu den Gründungsmitgliedern der Oberliga West. Aber die Saison 1947/48 lief für uns nicht gut. Wir standen von Anfang an im Tabellenkeller. Am Ende mussten wir einen Marathon von vier Entscheidungsspielen jeweils mit Verlängerung gegen Vohwinkel 80 aus Wuppertal bestreiten. Es zog sich fast über zwei Monate, und ich erinnere mich gut daran, wie in der Verlängerung des letzten Spiels das Tor für Vohwinkel fiel. Kurz danach war der Platz voller jubelnder Wuppertaler, und wir waren abgestiegen.

Ein Jahr später kehrte Dellbrück zurück und erreichte sogar die Vizemeisterschaft im Westen. Sie wurden als „der Torwart mit der Soldatenmütze" bekannt. Warum haben Sie diese Mütze aufgesetzt?

Sicher nicht aus Liebe zu meiner Soldatenzeit, denn ein Jahr vor Kriegsende wurde ich noch als Luftwaffenhelfer eingezogen. Es war aber auch keine direkt militärische Kappe, sondern eine Mütze von der „Organisation Todt", die mein Bruder mit ins Haus brachte, als er nach Kriegsende aus englischer Kriegsgefangenschaft entlassen worden war. Er hatte sie auf der Straße gefunden. Sie lag lange unbeachtet in unserem Keller. Eines Tages brauchte ich als Torwart bei einem Spiel eine Mütze, weil die Sonne tief stand. Also, rein in den Keller, die Mütze aufgesetzt, sie passte, und ab ins Tor. Plötzlich hieß es: „Der Junge mit der Soldatenmütze!" Das machte in der Nachkriegszeit Schlagzeilen.

Dellbrück feierte 1949/50 einen kometenhaften Aufstieg. Woher kam der Erfolg?

Vielleicht ist die Antwort ganz banal: Die Mannschaft bestand vorwiegend aus jungen Leuten, die entweder aus Dellbrück oder aus dem Nachbarort Köln-Holweide kamen. Wenn einer von weit her kam, waren das die Schlömers aus Porz von der rechten Rheinseite. Dieser enge Zusammenhalt trieb uns nach vorne. Ich erinnere mich an den alten Platz der Preußen, wie die Zuschauer

mit Stehleitern anrückten. Es gab nur jeweils an den Seiten ein Wall, auf dessen leichten Hang etwa 2.000 Menschen Platz fanden. Alle anderen mussten sich eine Möglichkeit schaffen, um etwas vom Spiel zu sehen. Da haben sie die Dachziegel an den neben dem Sportplatz stehenden Häusern hoch gehoben und vom Dach aus zugeschaut. Diese Begeisterung trug uns natürlich. Im Viertelfinale um die ‚Deutsche' schlugen wir mit dem VfR Mannheim den amtierenden Meister. 10.000 Kölner Anhänger waren in Sonderzügen mit nach Frankfurt gereist, um uns zu unterstützen. Dann kam diese legendäre Hitzeschlacht gegen die Offenbacher Kickers in Stuttgart. Das Spiel endete torlos und gehörte sicher zu einem der besten in meiner Karriere. Beim Wiederholungsspiel sah ich dagegen nicht mehr so gut aus. Wir verloren mit 0:3. Das Halbfinale blieb für uns Endstation.

Warum wechselten Sie 1951 zum 1. FC Köln?

Mein Vater stelle als Kassenprüfer beim ersten Vorsitzenden von Preußen Dellbrück Unehrlichkeiten fest. Nichts großes, vermutlich gab es das in jeden Fußballverein. Aber mein alter Herr war eben ein grundehrlicher und sehr sturer Mensch, der sich über ein paar hundert Mark Schwarzgeld aufregte. Die Preußen hatten dagegen etwas ganz anders im Kopf: Sie träumten von einem neuen Stadion und wollten sich nicht von einem „bekloppten Schulmeister" hereinreden lassen. Wenn der Vorsitzende bleiben sollte, sollte ich nicht mehr für den Verein spielen, beschloss mein alter Herr. Als schließlich mein Wechsel bekannt wurde, schlitterte ich in eine schlimme Krise.

Sportlich?

Vieles spielte eine Rolle. Beim zweiten Länderspiel der Nachkriegsgeschichte gegen die Schweiz in Zürich im April 1951 war ich schon der zweite Mann hinter Toni Turek, und Herberger hatte zu mir in seinem Mannheimer Dialekt gesagt: „Fritz, im Sommer spielen wir gegen die Türken. Da kriegen Sie ihre Chance." Da wurde mein Wechsel bekannt und einen Tag, bevor ich zum Länderspiel fahren wollte, bekam ich abends einen Anruf vom DFB: „Herr Herkenrath, Sie brauchen morgen nicht nach Berlin zu fahren. Der DFB legt keinen Wert auf Spieler, die den Verein wechseln!" Da war ich ausgeladen. Es war eine große Enttäuschung für mich. Später verlor ich beim 1. FC nach einem schlechten Spiel auf dem Aachener Tivoli meinen Stammplatz an Frans de Munck, dem holländischen Nationaltorhüter, der auch – teuer eingekauft – in Kölner Diensten stand. Ich war damals nicht in Bestform, weil ich an der Sporthochschule mitten im Examen für mein Sportlehrer-Diplom stand. Die Belastung war zu viel und als zweite Geige beim FC fühlte ich mich ungerecht behandelt. Da fällt der Herkenrath radikal von ganz oben runter in den Keller, spielt lustlos in der Reserve und wird in der Presse kaum noch erwähnt. Es war ein Debakel.

Unterschieden sich die Verhältnisse beim 1. FC von denen in Dellbrück?

In Dellbrück war damals der weit renommiertere Verein als der gerade erst gegründete 1. FC Köln, aber trotzdem lief dort alles

2
SC Preußen Dellbrück – 1. FC Köln, Radrennbahn, Köln, Juni 1949

Nach dem Wiederaufstieg 1949 stürmten die Preußen von der Kölner „Schäl Sick" bis in das Halbfinale um die Deutsche Meisterschaft (v.li.): Kalli Klütch, Heinz Schlömer, Karl Habets, Kurt Hardt, Walter Severin, Wolfgang Winter, Werner Fischer, Fritz Herkenrath (mit der Soldatenmütze), Hermann Drost, Heinz Wittkamp, Jean Paffrath und Jupp Schmidt.

3
Fritz Herkenrath als Grundschullehrer auf der Essener Margarethenhöhe, 1956.

eher familiär ab, während Franz Kremer beim 1. FC mehr oder weniger schon Profibedingungen eingeführte. Er war der erste richtige Manager im Fußballgeschäft. Als ich zu ihm ins Büro kam, kriegte ich einen Vertrag über 320 DM. Das war das Höchste, was man offiziell zahlen durfte. Danach legte er mir ein anderes Blatt vor: „Herr Herkenrath ist zusätzlich als Jugendtrainer eingestellt mit 600 DM." Ich hatte keine Zeit zum Jugendtraining, da ich voll im Studium an der Sporthochschule steckte. Ich konnte diesen Vertrag gar nicht erfüllen, aber das war allen klar.

Den 1. FC Köln haben Sie nach einem Jahr wieder verlassen. Wie kam der Kontakt zu Rot-Weiss Essen zustande?

Durch Zufall. Als die Essener zum Spiel nach Köln kamen, habe ich das Vorspiel in der Reserve gemacht, draußen auf den Vorwiesen. Die Zuschauer strömten zum Spiel der ersten Mannschaften und auch die Essener waren zeitig mit dem Bus da, schauten sich das Reservespiel an. Die haben gesehen, der Herkenrath spielt nur in der Reserve. Eines Tages kam RWE-Boss Georg Melches zu meinem Elternhaus nach Dellbrück und sagte, das hat mein Vater gar nicht verwinden können, (lacht) dass er mit mir alleine sprechen wollte. Ja, da habe ich in ihm eine väterliche Figur gesehen und vermutete keine Schlechtigkeit in dem Manne. Ich wollte allerdings auch beruflich weiter kommen. „Machen Sie sich keine Sorgen", sagte Melches. Mit dieser Zusage war es mir egal, dass ich in Essen wesentlich weniger verdiente als in Köln. Was zwischen den Vereinen hin und her geflossen ist, weiß ich nicht. Zu Beginn der Saison 1952/53 spielte ich fortan bei Rot-Weiss und zog im November 1952 nach Essen-Frohnhausen.

Neben dem Fußball haben Sie weiterhin an Ihrer beruflichen Qualifikation gearbeitet.

Ich hatte mein Sport-Diplom in Köln gemacht und wollte mich zum Werklehrer ausbilden lassen. Es war mein Ziel, festen Boden unter die Füße zu kriegen. Mein Lebensablauf in der ersten Zeit in Essen war so, dass ich morgens um viertel nach vier den Wecker rappeln hörte. Schnell ein kleines Frühstück und anschließend zur Straßenbahn in Richtung Zeche Heinrich nach Überruhr. Am Hauptbahnhof musste ich umsteigen und während ich auf den Bus wartete, kamen die Besoffenen aus den Bars auf ihrem Weg nach Hause über den Platz getorkelt. Um sechs Uhr begann die Frühschicht, und um sechs Uhr stand der Diplom-Sportlehrer Herkenrath auf der Zeche und machte Frühsport an der Berufsschule. Nach anderthalb Stunden zurück zum Hauptbahnhof in den Zug nach Köln zum Werklehrer-Seminar. Dort ging es bis vier Uhr. Zweimal in der Woche fuhr ich von da aus direkt mit meiner Sporttasche zum Training an die Hafenstraße. Erst nachdem ich als Werklehrer bei der Heinrich Bergbau-AG angestellt wurde, ging es ruhiger zu. In der Zeit bin ich auch mit dem Steiger in die Grube gefahren und haben den Untertagebergbau kennen gelernt.

Hat Sie als Rheinländer der Bergbau beeindruckt?

Es waren unvergessliche Erfahrungen. Ich bin oft mit dem Wettersteiger runter gefahren, und wir sind in Gänge gekrabbelt, wo die Bergleute im Wasser standen und zum Teil nur in gehockter und gebückter Stellung arbeiten konnten. Die Flöze

Georg Melches und Fritz Szepan, November 1954

Georg Melches gründete 1907 als Jugendlicher den „Sportverein Vogelheim", aus dem sich später unter seiner Regie Rot-Weiss Essen entwickelte. Er galt als der große Macher des Vereins, obwohl er nie offiziell das Amt des Vereinspräsidenten bekleidet hatte. Der Schalker Fritz Szepan feierte mit der Deutschen Meisterschaft 1955 in Essen seinen größten Erfolg als Trainer.

waren unten an der Ruhr sehr niedrig. Aber irgendwie hatte ich so ein Gefühl, dass es nicht mehr lange gut geht mit den Zechen. Es fing 1954 schon ein bisschen an zu knistern. Georg Melches behauptete immer, meine Stelle bei der Bergbau AG wäre bombensicher. Für den war die Tatsache des Bergbaus unumstößlich. Trotzdem hatte ich mich entschlossen, ein Studium an der Akademie für Volksschullehrer anzuschließen.

Im April 1954 ging es mit Rot-Weiss nach Südamerika. War Ihnen das Abenteuer der Reise bewusst?

Anfangs nicht so recht. Wir sind in mehreren Gruppen nach Lissabon geflogen und von dort nach Südamerika. Nach 36 Flugstunden kamen wir in Buenos Aires an und spielten gleich am nächsten Abend gegen Interpediente. Das war schon ein Erlebnis, dieses Stadion durch die unterirdischen Gänge zu betreten, über die Treppe hoch auf den Rasen zu blicken, das ganze Rund durch das Flutlicht erhellt. Die Zuschauer waren durch einen Graben und hohe Zäune vom Spielfeld getrennt. Das alles war uns in Deutschland unbekannt. Es war reines Niemandsland für uns. Und dann kamen Penny Islacker und Helmut Rahn und hauten denen die Bälle in die Hütte. 4:2 gewannen wir in Buenos Aires, Penarol Montevideo in Uruguay schlugen wir mit 3:0.

Durch die Erfolge verlängerte sich die Tour von selbst?

Wir waren schon in Montevideo und sollten unbedingt noch einmal in Buenos Aires spielen. Juan Perón, der argentinische Staatschef, schickte ein Flugboot, das im Wasser landen kann, um uns zu holen. Wir mussten nur über den Río de la Plata, vom Nordufer zu Südufer, von Hafen zu Hafen. Beim ersten Aufenthalt in der argentinischen Hauptstadt hatte man uns noch in einer Kaschemme mit Puffcharakter im Hafenviertel untergebracht. Nach unseren Erfolgen residierten wir in einem noblen Strandhotel. Hätten wir anfangs verloren, wären wir wahrscheinlich in der Pampas gelandet und hätten irgendwo barfuß gegen Einheimische gespielt (lacht).

Sie haben wegen der Tournee auf die Teilnahme bei der WM 1954 verzichtet, oder?

Eigentlich sollte ich im Mai gemeinsam mit Helmut Rahn nach Deutschland zurückkehren. Aber wir hatten in Südamerika keinen zweiten Torwart mehr. Islacker verletzt, Rahn und Herkenrath weg, da fehlten dem Verein die Trümpfe und schließlich ging es auch um Geld. Was sollten wir also tun? Die Telegramme und Telefonate gingen hin und her. Schließlich flog Rahn von La Paz nach Hause und ich blieb. Zum Glück! An Toni Turek wäre ich sowieso nicht vorbei gekommen und so blieb es mir erspart, eventuell im ersten Ungarn-Spiel verheizt zu werden.

1954/55 folgte die überragende Saison mit dem Endspiel um die ‚Deutsche' gegen den 1. FC Kaiserslautern.

Oh ja. Wir sind mit dem Zug nach Hannover gefahren. Es war ein sonniger Tag, das Niedersachsenstadion war voll besetzt und das Spiel ging los. Na ja, erzählen Sie mal, wie das erste Tor fiel. Sie brauchen mich nicht zu schonen (lacht)!

Interview

5
Rot-Weiss Essen – 1. FC Kaiserslautern 4:3 (3:1), Endspiel um die Deutsche Meisterschaft, Niedersachsenstadion, Hannover, 24. Juni 1955, 80.000 Zuschauer

Fritz Herkenrath lässt den Ball aus den Händen gleiten und Lauterns Wenzel nimmt das Geschenk dankend an. Trotz des Patzers konnte Herkenrath am Ende die Meisterschaft mit RWE feiern, aber die Unzufriedenheit blieb bis heute: „Es war nicht mein Endspiel."

Nein, das müssen Sie selbst erzählen ...

Ich weiß nicht so recht, wie es passiert ist. Das Spiel fing erst an und von großer Nervosität kann ich eigentlich nicht sprechen. Jedenfalls kam ein hoher Bogenball immer näher auf die Torlinie zu. Es war genug Zeit da. Ich sprang hoch und hörte irgendwie einen Laut, als wenn Willi Köchling, der mit seinem Gegenspieler aufs Tor zugelaufen kam, mir etwas zugerufen hätte. Ich guckte kurz weg und schon hatte ich den Ball in den Fingern, aber nicht richtig. Das Leder sprang mir kurz vor die Torlinie wieder aus den Händen. Ich lag hilflos auf dem Boden und Wenzel von Kaiserslautern musste den Ball aus einem Meter nur über die Linie schubsen. So fing mein Endspiel an und es ging noch schlechter weiter. Wenige Minuten später stieß ich mit Lauterns Linksaußen Scheffler zusammen und bekam einen Tritt auf den Knöchel. Ich merkte direkt einen stechenden Schmerz, aber Auswechselungen gab es nicht. Also machte man in der Halbzeitpause eine Bandage drum und weiter ging es. Später hat sich herausgestellt, dass es eine Knorpelabsplitterung am Knöchel war. Die Verletzung hat mich komplett aus dem Rhythmus gebracht. Ich humpelte nur herum und fühlte mich unsicher beim Herauslaufen oder beim Abfangen eines Balls. Dieses Endspiel war für mich wirklich ein trauriges Endspiel.

Aber Sie sind trotzdem Deutscher Meister geworden.

Dennoch schlummert in mir der Vorwurf oder wenigstens das Gefühl, dass ich in vielen Spielen dazu beigetragen habe, dass Rot-Weiss an die Spitze gekommen ist. Das darf ich unverhohlen behaupten, aber im entscheidenden Moment... Gott sei Dank haben meine Kameraden das Spiel aus dem Feuer gerissen. Das vergesse ich denen nie.

Wer war der Spiritus Rector des Erfolges? Georg Melches, Fritz Szepan oder Kapitän August Gottschalk?

Ohne Melches ging an der Hafenstraße gar nichts. Jeder in der Mannschaft hat sich nach dem Erfolg in Hannover auch für ihn gefreut. Szepans größte Leistung war, dass er Ahnung vom Fußball hatte, uns gewähren ließ und nur eingriff, wenn es mal notwendig war. August Gottschalk und die alten Hasen haben auf dem Rasen eigentlich gesagt, wo es lang ging.

Sie haben als Torwart an legendären Spielen der 1950er Jahre teilgenommen. Das erste Spiel der Nationalmannschaft in der Sowjetunion 1955 ...

Die ganzen Umstände des Spiels in Moskau waren ganz außergewöhnlich. Wir flogen mit einer zweimotorigen Propeller-Maschine vom Flughafen in Ost-Berlin ab, direkt von einer harten Wiese aus, ohne die Betonpiste zu benutzen. Während des Flugs bekam ich Kontakt zu der Besatzung, und wir unterhielten uns bruchstückhaft auf Englisch. Der Pilot merkte meine Skepsis und sagte auf Deutsch: „Russische Maschin stürzen nicht ab!" (Lacht.) Adenauer hatte nicht so Recht Interesse daran, dass wir ein Freundschaftsspiel mit einem Land austrugen, in dem in Sibirien noch Tausende von deutschen Kriegsgefangenen lebten.

6
**SC Westfalia Herne – Rot-Weiss Essen 5:1 (3:0),
15. Januar 1961, 7.000 Zuschauer**

Nicht versetzt: Schulmeister Fritz Herkenrath kassierte fünf Stück am Herner Schloss Strünkede, und an der Essener Hafenstraße kehrte eine ungewohnte Abstiegsstille ein.

7
**Rot-Weiss Essen – SC Preußen Münster 0:1 (0:0),
12. Oktober 1958, 7.000 Zuschauer**

Später traf ich einen dieser Kriegsgefangenen. Er erzählte mir, sie hätten im sibirischen Lager die russische Radio-Übertragung des Spiels gehört und nichts verstanden, nur Namen wie Fritz Walter und Helmut Rahn, aber das wäre ihnen schon wie die Heimat vorgekommen. Nach dem Spiel kamen die russischen Wächter zu den deutschen Gefangenen und haben ihren Wodka mit ihnen geteilt.

Und das Freundschaftsspiel gegen Honvéd Budapest während des ungarischen Aufstandes 1956?

Ich sehe noch, wie ich im Tor stand und direkt neben dem Pfosten kauerte schon der erste Junge. Auch im hinteren Teil des Fußballtores saßen die Kinder. Die Fluglichtmasten wurden erklettert. Immer mehr Leute drängten nach und immer wieder wurde gesagt: Bitte, rückt nach vorne vor, es wollen noch mehr Leute herein, noch mehr.

Die WM 1958 – gemeinsam mit Helmut Rahn. Hatte er sich nach dem „Wunder von Bern" verändert?

Im Grunde genommen hat er sich nicht verändert, nur die Menschen um ihn herum haben sich verändert und damit auch ihn. Wenn Sie mit dem Ruhm, zwei Tore im WM-Endspiel zu schießen, in das Ruhrgebiet zurückkommen, oder wohin auch immer, da hagelt es Einladung auf Einladung. Und die haben ihm sicherlich kein Sprudelwasser vorgesetzt. Der Helmut war in der Mannschaft immer ein Pfundskumpel. Auf einer Zugfahrt zu einem B-Länderspiel kam er gerade „auf Urlaub" aus dem Knast, weil er alkoholisiert in eine Baugrube reingefahren war. Er hat uns während der Fahrt anderthalb Stunden über seine Knasterlebnisse erzählt, buchreif, mit einer Komik! Er ging halt gerne seine eigenen Wege und suchte nach den Spielen immer seine Kneipen auf, wo er sich mit seinen Kumpels, die auch treu zu ihm standen, traf. Die Leute in Essen liebten ihn. Der Kumpel, das ist ein Typ, so wie ich den in der Grube kennen gelernt habe, bis der einen fallen lässt, da muss es schon knüppeldick kommen. Wenn man in Köln spielt und bringt keine Leistung, ist man unten durch und vergessen. Das tut den Kölnern vielleicht weh, aber man sieht das ja an deren Auf und Ab. Im Ruhrgebiet hingen die Leute ganz anders an ihren Spielern.

1962 hingen Sie ihre Fußballschuhe an den Nagel. Eine schwere Entscheidung?

Ich kam in ein gewisses Alter, in dem ich dem beruflichen Werdegang Priorität einräumen musste. Ich arbeitete als Sportlehrer in der Grundschule auf der Magaretenhöhe in Essen und bekam eine Anfrage von der Hochschule in Aachen, ob ich Interesse an einer Dozentenstelle hätte. Gleichzeitig ging es mit Rot-Weiss langsam in den Keller und ich entschloss mich, die Stelle in Aachen anzunehmen. Ich spielte nach dem Abstieg 1961 noch ein Jahr in der 2. Liga an der Hafenstraße und zog dann 1962 nach Aachen. Es ist mir schon schwer gefallen, dem Ruhrgebiet Ade zu sagen.

War man als Lehrer nicht ein Außenseiter im Fußball-Milieu?

Na ja, manchmal, wenn ich als Fußballer was scheinbar Gescheites gesagt habe, haben manche so mit einem gewissen Respekt hinzugefügt: „Der Fritz, der ist Lehrer." (Lacht.)

Und wie haben Sie „die geselligen Abende" nach den Spielen überstanden?

Das habe ich schon zu Dellbrücker Zeiten hinter mich gebracht. Mit dem schwarz gebrannten Schnaps, den es nach dem Krieg gab, hatte es mich so erwischt, dass ich fast drei Tage krank war. Dann hat mich mein Vater ins Wohnzimmer zitiert. Das war schon etwas besonderes. Nicht in die Küche, wo sonst alles geregelt wurde, sondern in das „gute Zimmer" wo die schweren Wohnschränke einen geradezu erdrückten. „Wann bist Du nach Hause gekommen?" fragte er, und es folgte die typische Strafpredigt eines pensionierten, sehr rechtschaffenden Lehrers. Am Ende sagte er in aller Ruhe: „Passiert das noch einmal, steht dein Bett auf der Straße." Und damit war das Thema für mich erledigt.

Wie fällt Ihr Rückblick auf die alte Oberliga West aus?

Ja (zögert), das war alles früher auf einer so harmlosen Ebene. Man fuhr mittags an der Hafenstraße los und war anderthalb Stunden später bei Preußen Münster im Stadion. Die Ränge waren gut besucht, aber es gab keine Hektik, weder auf den Tribünen noch für uns Spieler. Man gab Autogramme für die Kinder, aber keinem von uns wurde sofort ein Mikrofon unter die Nase gehalten. Schließlich hat man sich umgezogen, eine Aufwärmphase draußen gab es selten oder gar nicht, weil es einfach keinen zweiten Platz gab und auf den Hauptplatz durften wir erst kurz vor Anpfiff. Ohne großartige Vorbereitungen und nur mit ein paar Freiübungen und ein paar Hopsersprüngen zum Aufwärmen in den kleinen Umkleideräumen ging es raus, und es wurde gespielt. So einfach war das. Natürlich war die Leistung bei weitem nicht so wie heute. Wir würden heute alle in einer guten Landesliga spielen. Mehr wäre da nicht drin. Sie sehen, das Fußballherz ist bei mir ziemlich erloschen.

Fritz Herkenrath

Am 9. September 1928 im Kölner Vorort Dellbrück geboren. Spielte von 1946 bis 1951 für Preußen Dellbück, in der Saison 1951/52 für den 1.FC Köln und anschließend von 1952 bis 1962 bei Rot-Weiss Essen. Insgesamt 336 Spiele in der Oberliga West. 1953 DFB-Pokalsieger und 1955 Deutscher Meister mit RWE. Unumstrittene Nummer eins bei der WM in Schweden 1958. Zwischen 1954 und 1958 insgesamt 21 Länderspiele. Ab 1962 Dozent an der Technischen Hochschule Aachen, wo er später zum Professor ernannt wird. Seit 1962 lebt er in Aachen.

1

Rot-Weiss Essen – 1. FC Kaiserslautern 4:3 (3:1), Endspiel um die Deutsche Meisterschaft, Niedersachsenstadion, Hannover, 24. Juni 1955, 80.000 Zuschauer

Rot-Weiss Essen hatte in der Saison die Oberliga West beherrscht, vergleichbar nur mit dem BVB in seiner großen Ära Ende der 1940er Jahre. Nun sollte die Mannschaft von Georg Melches endlich auch die erste Deutsche Meisterschaft nach dem Krieg in den Westen holen.

Tausende von Anhänger machten sich mit Sonderzügen, Bussen und PKWs auf den Weg nach Hannover. „Es ist eigentlich eine Fahrt in ein Traumland – voller Erwartungen, voller Spannung", schrieb ein mitreisender Journalist später.

Für das Revier galt, was die zuversichtlichen Schlachtenbummler schließlich im Niedersachsen-Stadion auf einem großen Transparent verkündeten: „Glaubt nicht an Spuk und Geister / Rot-Weiss Essen wird Deutscher Meister!"

Die Hoffnungen wurden nicht enttäuscht. Nach einem dramatischen Finale gewannen die Männer von der Hafenstraße den Titel (v.li): Willi Köchling, Franz Islacker, Joachim Jänisch, Paul Jahnel, August Gottschalk, Helmut Rahn, Willi Grewer, Trainer Fritz Szepan, Heinz Wewers, Bernhard Termath, Johannes Röhrig und Fritz Herkenrath.

Die Torjäger der Saison 1954/55

Heinz Lorenz (Preußen Dellbrück)	23
Felix Gerritzen (SC Preußen Münster)	23
Franz Islacker (Rot-Weiss Essen)	20
Alfred Preißler (BV Borussia Dortmund)	18
Günther Grandt (SC Westfalia Herne)	18

Die Saison 1954/55

Die Saison 1954/55

OBERLIGA WEST 1954/55	RW Essen	SV Sodingen	Bayer Leverkusen	Bor. Dortmund	FC Schalke 04	Fort. Düsseldorf	1. FC Köln	Duisburger SV	Preußen Münster	Preußen Dellbrück	Alem. Aachen	ETB SW Essen	Westfalia Herne	Bor. M'gladbach	Meidericher SV	VfL Bochum	Tore	Punkte
1. RW Essen	•	2:1	0:1	2:1	2:0	2:2	4:2	0:2	1:0	0:2	1:1	4:2	6:3	2:1	3:0	3:0	64:38	45:15
2. SV Sodingen	2:4	•	1:1	3:2	2:4	1:1	2:1	3:0	3:1	1:0	2:0	1:0	5:2	1:1	2:0	2:1	54:40	39:21
3. Bayer Leverkusen	1:1	2:2	•	3:1	1:1	5:0	4:0	2:0	0:0	1:2	2:1	2:0	4:3	4:0	3:3	2:2	54:42	36:24
4. Bor. Dortmund	1:2	2:1	2:3	•	0:0	4:0	1:1	3:1	3:2	3:1	5:2	0:1	2:2	1:0	4:0	3:1	63:57	30:30
5. FC Schalke 04	1:1	1:0	5:1	0:2	•	2:1	2:1	1:1	5:2	2:0	2:0	0:3	1:3	5:0	2:2	1:0	51:49	30:30
6. Fort. Düsseldorf	1:3	0:1	5:2	1:3	7:2	•	2:4	6:1	4:0	5:1	5:2	4:4	1:0	0:0	6:3	1:0	66:65	30:30
7. 1. FC Köln (M)	2:4	2:3	1:4	2:2	3:2	4:1	•	2:1	3:3	4:1	1:0	2:0	2:0	5:1	4:0	1:0	60:55	29:31
8. Duisburger SV (N)	0:1	1:2	0:0	2:0	3:1	1:3	3:1	•	0:2	2:1	3:2	3:2	2:3	5:2	1:1	1:1	48:52	29:31
9. Preußen Münster	4:1	0:1	4:0	5:3	3:2	3:1	1:0	2:4	•	5:3	2:2	5:2	7:1	4:0	0:1	4:0	70:60	28:32
10. Preußen Dellbrück	1:2	2:1	2:1	4:2	1:0	2:0	1:4	3:1	1:1	•	3:1	2:1	3:3	5:1	2:0	2:2	51:38	28:32
11. Alem. Aachen	1:1	3:1	2:1	5:1	4:3	1:3	3:2	3:2	5:4	3:2	•	3:2	6:5	0:1	1:2	2:2	56:64	28:32
12. ETB SW Essen	0:3	1:3	0:1	3:2	2:2	4:0	3:0	0:2	5:3	4:2	2:1	•	2:2	2:0	2:1	2:2	52:55	27:33
13. Westfalia Herne (N)	2:1	0:1	0:0	1:2	0:0	3:0	2:1	0:1	4:3	2:0	1:2	1:2	•	4:2	1:1	1:1	57:63	26:34
14. Bor. M'gladbach	2:3	3:3	1:1	6:6	1:2	4:0	3:2	1:1	2:0	1:1	3:0	1:0	3:1	•	3:1	4:2	48:65	26:34
15. Meidericher SV*	1:2	2:1	1:2	2:1	2:1	2:4	0:2	2:3	2:1	0:0	3:1	2:6	1:1	•	•	0:0	39:60	26:34
16. VfL Bochum*	1:3	1:2	2:0	1:1	1:2	2:1	2:1	2:0	3:0	0:0	0:0	1:2	3:0	2:4	•	•	36:46	23:37

Anmerkung: Das Spiel Westfalia Herne gegen Meidericher SV (1:1) wurde als »0:0 und für Meiderich gewonnen« gewertet.

2

Kino Lichtburg, Essen, Juli 1954

Die Spiele der WM 1954 hatten die meisten Deutschen noch am Rundfunkempfänger verfolgt, nur wenige an den neuen und teuren Fernsehgeräten. Die WM fungierte zwar als „Initialzündung" für den Privatfernseher, während der Weltmeisterschaft konnten aber zum Teil gar keine Geräte mehr gekauft werden, weil es bei den Herstellern zu Produktionsengpässen gekommen war. Das Endspiel flackerte vor allem in Kneipen oder öffentlichen Räumen über den Bildschirm, und die Zuschauer zahlten ein paar Mark Eintritt dafür. Wochen später sorgte erst die Aufarbeitung im Kino für eine breite Streuung der bewegten Bilder.

Die Saison 1954/55

3

Schwarz-Weiß Essen – 1. FC Köln 3:0 (1:0), 5. Dezember 1954, 5.000 Zuschauer

Werbung der Essener Stern-Brauerei im „Stadion am Uhlenkrug".

4

Rot-Weiss Essen – Meidericher SV 3:0 (1:0), 22. August 1954, 22.000 Zuschauer

Die Neuerung der Saison 1954/55: der Toto-Mat. Keine beliebige Ergebnistafel, sondern ein eigenes System, das aus der Schweiz importiert worden war. In jedem Stadion war der Toto-Mat mit einer Telefonzentrale verbunden, die laufend über den Stand der anderen Totospiele unterrichtet wurde.

Fiel am Aachener Tivoli ein Tor, wurde es wenige Minuten später an der Essener Hafenstraße auf dem Toto-Maten registriert. Der Tipper war also immer im Bilde – vorausgesetzt er war bereit, einen Groschen für ein Programmheft auszugeben, in dem der Schlüssel für die Spiele auf der Anzeigentafel abgedruckt war. Ihre Reihenfolge unterschied sich nämlich von der auf den „normalen" Toto-Scheinen. Über den Verkauf dieser Hefte sollte sich das System finanzieren und zudem noch etwas für die Vereine abwerfen.

5

1. FC Köln – BV Borussia Dortmund 2:2 (1:1), 10. Oktober 1954, 20.000 Zuschauer

Statt Höhenflüge setzte es für den amtierenden Westmeister Tiefschläge. Die Kölner hatten ihren holländischen Punktegaranten Torwart Frans de Munck ziehen lassen und fielen in ein Tief. Schlagzeilen wie „Westmeister in Abstiegsgefahr" und „Spieler müssen auf Weihnachtsfeier verzichten" geisterten durch die Presse, als der 1. FC im Winter auf dem letzten Tabellenplatz klag.

Am Ende der Saison standen eine Aufholjagd und Platz 7 und die Tatsache, dass Hennes Weisweiler als Trainer zurückkehren sollte. (v.li.) (v.li.) Paul Ewe, Fritz Breuer (im Hintergrund), Paul Mebus, Benno Hartmann, Hans Graf (2), Martin Hirche, Hans Schäfer und Torwart Klaus Hartenstein.

Die Saison 1954/55

6
**SV Sodingen – VfL Bochum 2:1 (2:0), 6. März 1955,
22.000 Zuschauer**

Die Sodinger, bis dato eher mit dem Nicht-Abstieg beschäftigt, ließen in der Saison 1954/55 die etablierten Vereine aus Schalke, Dortmund, Münster und Köln weit hinter sich und wurden von den Zeitungen zum „Komet des Westens" stilisiert. Vor allem die Kampfkraft der Elf imponierte – auch den Bundestrainer Sepp Herberger, der feststellte, dass der „SV Sodingen wohl die einzige deutsche Mannschaft ist, die mit englischer Härte spielt".

7
Fortuna Düsseldorf – SC Preußen Münster 4:0 (2:0), 23. Januar 1955, 15.000 Zuschauer

Die stets ambitionierten und oft enttäuschenden Rheinländer lieferten eine Berg- und Talbahn durch die Tabelle: Nach fünf Spielen mit 0:10 Punkten als Abstiegskandidat gehandelt, kämpfte man sich im Winter und Frühjahr wieder nach oben. Die Zwillingsbrüder Martin und Karl Gramminger trugen mit ihren insgesamt 31 Treffern erheblich dazu bei.

Karl Gramminger lässt Münsters Alwin Jenatschek ins Leere grätschen.

8
VfL Bochum – Bayer 04 Leverkusen 2:0 (1:0), 27. Februar 1955, 45.000 Zuschauer

Zwei Mannschaften mit jeweils einer denkwürdigen Saison: Der VfL baute während der ganzen Spielzeit an einer neuen Haupttribüne, geriet mit rund 21.000 Zuschauer pro Heimspiel zum Zuschauermagneten und stieg am Ende, als die neue Tribüne an der Castroper Straße fertig geworden war, ab.

Die Werkself aus Leverkusen erreichte mit ihrem überragenden Torhüter Fredy Mutz am Saisonende mit dem dritten Platz ihre beste Platzierung in der Oberliga West.

Fredy Mutz klärt in Zusammenarbeit mit Stopper Peter Röger vor den Bochumern Gerd Schirrmacher (6) und Werner Ocker.

Die Saison 1954/55

9
**SV Sodingen – Meidericher SV 2:0 (2:0), 1. Mai 1955,
15.000 Zuschauer**

Erfolg und Niederlage nah beieinander. Meiderichs Verteidiger Gerd Schönknecht versucht vergebens, einen Kopfball von Gerd Harpers abzuwehren, der wiederum von seinen Mannschaftskollegen Karl Kropla gefeiert wird. Für Meiderich bedeutete die Niederlage am letzten Spieltag den Abstieg, während sich Sodingen sensationell die Vize-Meisterschaft und damit die Teilnahme an der Endrunde um die ‚Deutsche' sicherte.

10
SV Sodingen – 1. FC Kaiserslautern 2:2 (1:1), Endrunde um die Deutsche Meisterschaft, Glückauf-Kampfbahn, Gelsenkirchen, 22. Mai 1955, 55.000 Zuschauer

Das Spiel der „Bergarbeitertruppe" gegen die „Mannschaft der Nationalspieler" elektrisierte die Massen. Der SV Sodingen musste für die Endrunden-Spiele in fremde Stadien ausweichen, da der eigene Platz den Sicherheitsbestimmungen des DFB nicht entsprach. Aber auch die Schalker Glückauf-Kampfbahn reichte nicht aus. Tausende von Menschen drängten sich vor den Toren des Stadions, das bereits eine Stunde vor dem Spiel hoffnungslos überfüllt war. Die Durchführung des Spiels stand auf wackeligen Füßen.

Der Journalist Helge Kondring, damals 13 Jahre, erinnert sich: „Ich habe an der Eckfahne gelegen, direkt an der Außenlinie. Um Eckstöße überhaupt ausführen zu können, mussten sich die Spieler erst eine Schneise durch die Menschen bahnen."

Es sei wie „Stalingrad en miniature" gewesen, urteilte ein weiterer Zeitzeuge.

11

SV Sodingen – 1. FC Kaiserslautern 2:2 (1:1), Endrunde um die Deutsche Meisterschaft, Glückauf-Kampfbahn, Gelsenkirchen, 22. Mai 1955, 55.000 Zuschauer

(oben) Lauterns Horst Eckel verpasst den Ball um Zentimeter. Leo Konopczynski und Günther Sawitzki schauen machtlos zu.

(rechts) Johann Adamik freut sich über den 2:2-Ausgleichstreffer des SVS. „Hännes" Adamik, der auch noch zu Oberliga-Zeiten als Bergmann vor Kohle arbeitete, gehörte zu den Sodinger Idolen. Sein Wohl und Weh ging im Stadtteil jeden etwas an. „Ich versteh' das gar nicht, was das hier für'n heidnisches Volk ist. Kein Mensch redet in Sodingen von Gott, alle reden hier nur von Adamik!" – lamentierte ein vor Ort neuer Pastor, der nicht verstand, warum sich seine Gemeindemitglieder mehr Sorgen um die schweren Verletzungen ihres Mittelstürmers machten als um ihr eigenes Seelenheil.

12

Rot-Weiss Essen – 1. FC Kaiserslautern 4:3 (3:1), Endspiel um die Deutsche Meisterschaft, Niedersachsenstadion, Hannover, 24. Juni 1955, 80.000 Zuschauer

0:1 – 3:1 – 3:3 – 4:3. Allein der Spielverlauf des Finales lässt die Dramatik erahnen. Die erste Halbzeit gehörte den Essenern, die zweite Lautern.

Der Sportjournalist Gerd Krämer interpretierte das Spiel als Allegorie auf die bundesdeutschen Verhältnisse: „Warum beordert Kaiserslautern jetzt, da Essens Deckung in Wackelkontakten stockert, da der bereits nach zehn Spielminuten angeschlagene Essener Torwart Herkenrath nur unter Aufbietung letzter Kraft zwischen den Pfosten hin- und herhumpelt, da Islacker pausiert, warum zieht Kaiserslautern ausgerechnet jetzt den dynamischen Brecher Liebrich zurück? Kaiserslautern drückt jetzt gegen neuneinhalb Essener. Doch die aufs Fußballfeld projizierte Sicherheitsmentalität des Bundesbürgers, der am liebsten zusammen mit der Schultüte auch schon die Altersversorgung garantiert wissen möchte, lähmt auch die Mannschaft, die sich einmal die roten Teufel nannte. Nichts riskieren wollen und trotzdem alles gewinnen! Den Pelz waschen, ohne dass er nass werde. Kein Staat, kein Wirtschaftssystem und keine Fußballelf vermag auf die Dauer so ihre Probleme zu lösen."

(oben) Franz Islacker und Heinz Wewers im Kampf mit Lauterns Erwin Scheffler und Willi Wenzel.

(rechts) Franz „Penny" Islacker am Ball. Der Stürmer wurde mit drei Toren zum unumstrittenen Helden des Endspiels. Bei seinem Siegtreffer zum 4:3 fünf Minuten vor Schluss humpelte er nur noch über den Platz und hechtete sich mit letzter Kraft in eine Flanke von Termath und köpfte den Ball ins Netz.

13

Empfang des Deutschen Meisters Rot-Weiss Essen, Essen, 25. Juni 1955

Der Empfang von Rot-Weiss in Essen geriet zum Triumphzug. „An 1955 kann ich mich noch ganz genau erinnern. Es war eine ganz tolle Stimmung. Und das ist eigentlich das, was ich dem Fußball wieder wünschen würde: Das die Herzen der Leute so hinter einer Mannschaft stehen und sie sich so mit dieser Elf identifizieren. RW war die Mannschaft aus Essen, die Elf des Ruhrgebiets. Da sagte jeder: ‚Der August, wenn der runtergeht bis auf die Kniescheibe und dann den Ball reinmacht. Das ist unser Junge!' Aber ich habe den Verdacht, dass das nicht mehr wiederkommen wird", erinnert sich Harald Landefeld, ehemaliger Chefredakteur des „Sport-Beobachters", an die alten Zeiten.

1
Empfang des Deutschen Meisters BV Borussia Dortmund, Dortmund, 25. Juni 1956

Adi Preißler hält endlich die Meisterschale in der Hand. Nach zwei verlorenen Endspielen (1949 mit dem BVB, 1951 mit Preußen Münster) gelang ihm der Titelgewinn im dritten Anlauf. Der Stürmer war zum großen Dirigenten im Mittelfeld gereift. Dr. Friedebert Becker, der Herausgeber des „Kicker", urteilte nach dem Endspiel: „Es stehen Köpfe in dieser Mannschaft, es sind Persönlichkeiten am Werk! Und es war für uns keine Überraschung, dass auch hier ein altgedienter Internationaler mit seiner Übersicht und Weisheit ebenso wie mit seiner reifen Ballkunst das Steuer führte: Adi Preißler."

Die Torjäger der Saison 1955/56

Alfred Niepieklo (BV Borussia Dortmund)	**24**
Alfred Kelbassa (BV Borussia Dortmund)	**21**
Willi Overdieck (SC Westfalia Herne)	**19**
Alfred Preißler (BV Borussia Dortmund)	**17**
Matthias Rossbach (Alemannia Aachen)	**17**

Die Saison 1955/56

OBERLIGA WEST 1955/56	Bor. Dortmund	FC Schalke 04	Alem. Aachen	Duisburger SV	RW Essen	Fort. Düsseldorf	1. FC Köln	ETB SW Essen	SV Sodingen	Wuppertaler SV	Bor. M'gladbach	Preußen Münster	Westfalia Herne	Preußen Dellbrück	Bayer Leverkusen	Hamborn 07	Tore	Punkte
1. Bor. Dortmund	•	0:2	5:1	1:0	4:1	2:2	3:0	3:3	4:2	9:1	5:2	1:0	3:2	4:0	5:1	1:0	78:36	45:15
2. FC Schalke 04	1:3	•	2:2	1:1	1:0	1:2	2:1	5:1	2:0	4:0	1:2	4:1	7:2	3:2	4:3	2:1	67:38	41:19
3. Alem. Aachen	2:3	3:2	•	3:4	2:0	4:1	2:1	2:0	1:0	2:1	2:1	4:2	0:0	6:2	2:1	2:1	70:55	41:19
4. Duisburger SV	1:1	0:1	2:2	•	2:2	1:0	0:2	2:2	2:0	1:1	3:2	1:0	3:1	2:0	4:1	2:0	48:36	36:24
5. RW Essen (DM)	1:2	2:1	5:1	0:0	•	3:1	3:2	1:0	5:0	0:2	5:2	2:0	3:3	3:1	2:0	1:0	59:45	36:24
6. Fort. Düsseldorf	1:0	1:1	3:3	2:2	2:0	•	2:0	3:1	1:3	3:1	3:2	3:1	3:2	2:2	2:0	3:3	55:48	36:24
7. 1. FC Köln	3:1	3:2	0:0	1:1	5:1	5:1	•	4:1	2:1	1:2	1:0	3:3	4:2	4:3	0:0	3:1	59:48	32:28
8. ETB SW Essen	0:3	1:2	1:1	1:1	1:2	1:0	0:0	•	1:0	2:3	1:1	4:1	1:2	3:0	2:0	4:1	44:45	27:33
9. SV Sodingen	0:2	1:1	1:2	2:1	1:1	1:1	3:1	0:0	•	2:0	4:1	2:2	4:4	5:3	2:0	3:1	44:49	27:33
10. Wuppertaler SV (N)	3:1	1:4	2:1	0:3	1:1	0:3	0:2	2:1	2:1	•	3:0	1:3	1:0	3:2	3:4	6:0	43:62	27:33
11. Bor. M'gladbach	1:1	2:4	3:5	2:1	2:2	4:1	3:2	1:4	1:2	4:2	•	4:1	2:2	1:2	4:0	4:1	60:70	26:34
12. Preußen Münster	2:0	0:1	3:4	2:1	0:2	2:1	3:1	1:3	3:2	0:1	2:2	•	4:3	2:1	5:5	1:0	51:64	26:34
13. Westfalia Herne	0:0	0:0	1:2	3:1	4:2	2:3	3:1	2:2	1:1	1:0	3:3	3:0	•	0:2	1:3	2:1	51:60	24:36
14. Preußen Dellbrück	1:5	3:2	4:2	1:2	1:5	0:0	1:1	2:0	1:0	2:0	1:1	1:3	2:2	•	1:0	4:1	49:69	24:36
15. Bayer Leverkusen*	1:2	0:2	1:4	1:2	0:1	0:2	0:4	1:2	3:0	1:1	5:1	1:0	1:0	1:2	•	2:1	37:65	17:43
16. Hamborn 07 (N)*	2:4	0:2	3:3	1:2	4:3	1:3	4:2	0:0	0:1	4:0	2:3	3:4	1:0	4:2	4:1	•	45:70	15:45

2
SV Sodingen – SC Westfalia Herne 4:4 (2:2), 4. September 1955, 16.000 Zuschauer

Das Herner Derby mit einem neuen Torhüter auf Seiten Westfalias: Der 21-jährige Hans Tilkowski, der zu Saisonbeginn von SuS Kaiserau zum Oberligisten gewechselt war.

Tilkowski, der sich selbst in seiner Autobiographie als „Kind des Ruhrgebiets" bezeichnet, über den Fußball-Alltag in der Oberliga: „Heute findet auch eine Verklärung statt. Wir haben genauso gegurkt. Heute wird schlecht gespielt, früher wurde schlecht gespielt. Aber man muss sehen, unter welchen Umständen wir damals gekickt haben. Wenn heute geklagt wird, dass der Rasen nicht ganz glatt ist, haben wir früher bei Wind und Wetter auf einem Ackern gespielt. Der Boden war hart, die von meiner Mutter selbst gestrickten Torwarthandschuhe eingefroren und der Ball eine schwere Bleikugel. Fußball war noch nicht das Geschäft von heute."

Die Saison 1955/56

3

ETB Schwarz-Weiß Essen – BV Borussia Dortmund 0:3 (0:3), 6. November 1955, 15.000 Zuschauer

Heinrich „Heini" Kwiatkowski begräbt den Ball unter sich, die Essener Werner Nowak und Kalla Mozin kommen zu spät.

4

BV Borussia Dortmund – ETB Schwarz-Weiß Essen 3:3 (1:2), 25. März 1956, 22.000 Zuschauer

ETBs Torhüter Jürgen Brehmer räumt ab.

5
Rot-Weiss Essen – Hamborn 07 1:0 (0:0), 5. Februar 1956, 5.000 Zuschauer

Der Aufsteiger SF Hamborn 07 schlitterte durch die Saison direkt zurück in die 2. Liga West. Zum ersten Mal verlieh die Sportpresse einem Verein das Prädikat „Fahrstuhlmannschaft". Essens Willi Vordenbäumen und Hamborns Verteidiger Werner Rodloff versuchen, auf dem glatten Boden Halt zu finden.

6
Hamborn 07 – Alemannia Aachen 3:3 (0:2), 15. Januar 1956, 6.000 Zuschauer

Eine Saison der Tränen am Tivoli. Nach der bis dato besten Saison in der Oberliga West feierte am letzten Spieltag eine druckfrische Sportzeitungsausgabe die Alemannia schon als Vize-Meister des Westens und Endrundenteilnehmer.

Zu früh, wie sich herausstellte. Am letzten Spieltag verspielten die Aachener zu Hause durch ein 0:0 gegen Westfalia Herne den sicher geglaubten zweiten Platz an die im Torverhältnis besser gestellten Schalker Knappen.

Die Alemannen mit Fred Jansen, Torwart Helmut Schiffer, Jupp Martinelli, Karl Vigna und Georg Hecht.

Die Saison 1955/56

7
Tankstelle von Helmut Rahn, Essen, Januar 1956

Der Essener Harald Landefeld, ehemals Chefredakteur des „Sport-Beobachters", schrieb über „den Boss", der durch sein 3:2 im WM-Endspiel von 1954 schon zu Lebzeiten eine Legende geworden war:

„Das Tor war Rahns Schicksal. Nie mehr ist er davon losgekommen. Ausgerechnet er, der alles wollte, nur nicht das Schlaglicht der Öffentlichkeit. Wenn das einer wusste, dann seine Kumpels im Ruhrgebiet. Und so verkehrten sie bald nur noch in den zwei, drei Kneipen, in denen Helmut Rahn sein Bier trank. Kaum war er am Tresen, da riefen und bettelten sie schon: ,Helmut, erzähl mich dat Tor!' – ,Dat Tor', dieses legendäre 3:2 von Bern."

8
BV Borussia Dortmund – FC Schalke 04 0:2 (0:2), 8. April 1956, 42.000 Zuschauer

Manfred „Löwe" Orzessek stoppt Helmut Kapitulski, was Schalkes Werner Kretschmann erleichtert beobachtet. Dortmunds Trainer Helmut Schneider kochte nach dem Spiel vor Wut: „Wenn man in einem Spiel steht, auf das außer 40.000 Zuschauern noch ganz Deutschland blickt, und dann noch solche Leistungen bietet, dann fühlt man sich blamiert", polterte er gegenüber dem Radio-Reporter Kurt Brumme.

Das Aufeinandertreffen der beiden Mannschaften hatte sich in den 1950er Jahren von einem normalen Ligaspiel zum aufmerksam beobachteten „Westfalenderby" entwickelt.

9
**BV Borussia Dortmund – Duisburger SV 1:0 (1:0),
15. April, 10.000 Zuschauer**

Bei Dauerregen und auf einem tiefen Boden erkämpfte sich der BVB die erneute Westmeisterschaft (v.li): Freddy Kelbassa, Ewald Wieschner, Max Michallek, Erich Schanko, Alfred Niepieklo und Elwin Schlebrowski.

10
**ETB Schwarz-Weiß Essen – Rot-Weiss Essen 1:2 (0:0),
12. Februar 1956, 15.000 Zuschauer**

Nur selten konnte der im Stadion „Am Uhlenkrug" beheimatete ETB Schwarz-Weiß Essen aus dem Schatten des großen Stadtrivalen Rot-Weiss treten. Die sozialen Zuschreibungen taten ihr übriges: Auf der einen Seite ETB, der distinguierte „Lackschuhclub" des schicken Essener Südens, auf der anderen Seite Rot-Weiss, der Malocherverein aus dem Arbeiterstadtteil Bergeborbeck.

„Wenn die Rot-Weißen zum Uhlenkrug kamen", zitiert der Autor Hans Dieter Baroth in seinem Oberliga West-Buch „Jungens, Euch gehört der Himmel!" einen alten ETB-Fan, „dann konnten sie mal so richtig die Vorgesetzten beschimpfen, ohne dass es Konsequenzen hatte. Bei den Rot-Weißen kämpften viele Kumpel, bei Schwarz-Weiß die Steiger oder andere Vorgesetzte. Und da konnte man die von den Rängen so richtig fertig machen."

11

BV Borussia Dortmund – VfB Stuttgart 4:1 (2:0), Endrunde um die Deutsche Meisterschaft, 10. Juni 1956, 44.000 Zuschauer

Von den 23 Toren des BVB in der Endrunde inklusive Finale gingen allein 15 auf das Gespann Adi Preißler und Alfred Niepieklo. Auch Stuttgarts Robert Schlienz, der 1948 bei einem Autounfall seinen linken Arm verloren hatte und trotz des Handicaps seine Karriere fortsetzte, steht dem BVB-Wirbel hilflos gegenüber.

Der „Fußball-Sport" nutzte den Siegeszug des BVB zu einem Seitenhieb auf Sepp Herberger: „Ist es nicht zum Lachen, dass von dieser Mannschaft kein einziger gut genug sein soll, in der Nationalelf zu spielen."

12

Empfang des Deutschen Meister BV Borussia Dortmund, Dortmund, 25. Juni 1956

„Borussias Siegesmarsch auf zwei flachen LKW glich einem Triumphzug. Die voranschreitende, pausenlos intonierende Musikkapelle wurde überdröhnt vom Beifall der wie ein Wall die Straßen säumenden Massen. Alles verblasste gegenüber dem, was sich auf dem Borsigplatz, der inneren Heimat des Deutschen Meisters, abspielte. Der ganze Platz war eine von einem Fahnenmeer eingefasste Menschentraube. Unvorstellbare Freudenszenen spielten sich ab", beschrieb die Westdeutschen Allgemeinen Zeitung (WAZ) die Begeisterung über den ersten Meistertitel des BVB.

1

Empfang des Deutschen Meisters BV Borussia Dortmund, Dortmund, 24. Juni 1957

„The same procedure as every year, James!" Die berühmte Aussage von Miss. Sophie im legendären „Dinner for one" hatte auch für Borussia Dortmund Geltung, denn am 23. Juni 1957 hatte der BVB Fußballgeschichte geschrieben: Die Elf, die im Finale den Hamburger SV mit 4:1 besiegte, war identisch mit der Mannschaft, die ein Jahr zuvor mit 4:2 über den Karlsruher SC triumphiert hatte.

Dortmunds Stürmer Alfred Niepieklo resümiert Jahrzehnte später: „Die erste Meisterschaft war herrlich, aber die zweite wohl historisch. Dass exakt die gleichen Spieler zweimal hintereinander Meister werden, hat es wohl auf der ganzen Welt noch nicht gegeben."

Die Torjäger der Saison 1956/57

Alfred Kelbassa (BV Borussia Dortmund)	30
Josef Martinelli (Alemannia Aachen)	17
Hans Schäfer (1. FC Köln)	17
Hans Neuschäfer (Fortuna Düsseldorf)	17
Günther Siebert (FC Schalke 04)	16

Saison 1956/57

OBERLIGA WEST 1956/57	Bor. Dortmund	Duisburger SV	1. FC Köln	FC Schalke 04	Alem. Aachen	Fort. Düsseldorf	Meidericher SV	RW Essen	Wuppertaler SV	VfL Bochum	Westfalia Herne	Preußen Dellbrück	Preußen Münster	SV Sodingen	ETB SW Essen	Bor. M'gladbach	Tore	Punkte
1. Bor. Dortmund (DM)	•	0:1	1:1	3:2	2:0	5:0	0:0	3:1	3:1	1:1	0:1	6:1	2:1	3:1	2:0	7:1	73:33	41:19
2. Duisburger SV	1:1	•	3:1	2:2	3:2	2:0	2:2	0:3	2:0	2:1	1:1	5:1	5:3	1:0	1:0	4:0	56:39	39:21
3. 1. FC Köln	3:4	2:1	•	4:2	1:1	3:2	4:1	1:4	3:3	1:0	1:1	4:1	5:0	2:1	1:0	5:2	67:50	39:21
4. FC Schalke 04	3:3	2:3	3:1	•	7:2	2:1	1:1	2:2	5:0	2:4	1:2	2:0	5:1	1:0	3:0	4:0	76:49	36:24
5. Alem. Aachen	4:1	3:1	3:3	2:1	•	4:2	2:2	0:1	4:1	2:2	2:1	9:1	2:4	2:1	3:2	3:0	65:54	34:26
6. Fort. Düsseldorf	3:0	2:1	2:2	1:4	2:0	•	4:1	2:0	1:0	4:0	2:0	3:2	8:0	2:2	3:2	1:3	65:53	33:27
7. Meidericher SV (N)	3:1	1:2	1:3	2:3	2:0	5:1	•	1:1	1:0	4:0	1:1	1:1	4:0	3:1	7:1	8:1	62:42	32:28
8. RW Essen	0:3	1:1	6:2	2:3	2:2	3:1	1:1	•	0:1	0:1	2:1	2:1	2:0	0:0	1:1	5:1	57:51	32:28
9. Wuppertaler SV	0:0	2:2	1:3	1:0	1:0	1:1	2:1	5:3	•	5:1	1:0	2:0	2:1	1:0	1:0	3:2	41:52	30:30
10. VfL Bochum (N)	0:1	1:2	2:2	4:3	3:0	4:3	1:1	3:3	6:2	•	0:2	3:0	3:4	1:1	2:2	5:1	54:54	29:31
11. Westfalia Herne	0:1	2:4	1:1	2:0	1:1	1:2	0:2	0:3	1:0	3:0	•	1:0	1:1	1:2	3:0	1:1	33:38	27:33
12. Preußen Dellbrück	3:1	1:0	0:0	1:3	2:2	0:3	3:0	5:1	3:1	0:0	4:0	•	1:0	2:4	4:1	3:0	46:62	25:35
13. Preußen Münster	0:2	1:0	1:1	1:4	2:3	1:0	0:2	3:2	2:0	2:2	1:0	4:1	•	4:1	1:6	5:1	48:70	25:35
14. SV Sodingen	1:1	1:0	1:2	2:2	2:3	1:4	1:1	5:1	2:0	1:0	0:0	0:0	2:0	•	2:0	4:2	41:44	22:36
15. ETB SW Essen*	0:9	1:2	2:2	1:1	1:1	2:0	3:2	1:3	2:0	0:0	1:2	2:1	2:1	3:1	•	5:1	43:63	22:38
16. Bor. M'gladbach*	0:7	2:2	0:3	1:3	0:3	2:5	2:1	1:2	3:4	1:4	3:3	2:4	1:4	2:2	3:2	•	39:112	10:50

Anmerkung: Dem SV Sodingen wurden aufgrund eines Verstoßes gegen das Vertragsspielerstatut vier Punkte abgezogen (in der Tabelle berücksichtigt). Der SC Preußen Dellbrück fusionierte mit dem SC Rapid Köln am 10. Juli 1957 zum SC Viktoria 04 Köln.

Die Saison 1956/57

2
Fortuna Düsseldorf – Rot-Weiss Essen 2:0 (0:0), 27. Oktober 1956, 27.000 Zuschauer

Der spätere Bundestrainer Jupp Derwall lässt Paul Jahnel klassisch ins Leere laufen. Fortuna hatte zu Saisonbeginn durch die Neuverpflichtungen von Hans Neuschäfer (Viktoria Aschaffenburg) und Gerd Harpers (SV Sodingen) deutlich gemacht, dass endlich der Oberligatitel her sollte. Verletzungspech und „typisch für Fortuna: das fehlenden Quäntchen Glück", so Jupp Derwall in einem Gespräch kurz vor seinem Tod im Sommer 2007, ließen die Ambitionen wieder im Mittelmaß versinken.

3
Duisburger SV – FC Schalke 04 2:2 (1:1), 18. Mai 1957, 28.000 Zuschauer

„Wer soll diese Duisburger schlagen?", fragte der „Fußball-Sport" in großen Lettern. Bis zum 23. Spieltag führten die Kicker um Trainer Fred Harthaus und Stopper Willi Koll die Tabelle an. „Wir hatten dann 1957 eine junge Mannschaft, aber keinen so starken zwölften und dreizehnten Mann. Das war vielleicht auch ein Grund, warum uns am Schluss etwas die Puste ausgegangen ist", so Koll.

Der Duisburger Rolf Benning (leicht verdeckt durch S04-Torhüter Schneider) wuchtet den Ball aus spitzem Winkel ins Tor. Mit der Nr. 7 Ernst Wechselberger, der Stürmer-Star der Duisburger.

4
Horst Szymaniak (Wuppertaler SV), ca. Mai 1957

Der gelernte Bergmann Horst Szymaniak war von der SpVgg. Erkenschwick zum Wuppertaler SV gewechselt, wo er durch seine langen Pässe und sein hartes und effektives Zweikampfverhalten auffiel. Im Dezember 1956 debütierte er in der Nationalmannschaft.

In einem Interview sagte „Schimmi", der im Bergischen als Bademeister angestellt war und später Fußball-Profi in Italien wurde: „Mein Vater war Bergmann, mein Bruder war Bergmann. Und viele Bergleute sind früh gestorben. Ich weiß nicht, ob ich heute noch leben würde, wenn ich im Pütt geblieben wäre."

5
**Borussia Mönchengladbach – Fortuna Düsseldorf 2:5
(1:1), 25. August 1956, 25.000 Zuschauer**

Mönchengladbachs Heimstart in eine Saison voller Negativrekorde: 0:28 Punkte aus den ersten 14 Spielen; der erste Punktgewinn am 30. Dezember 1956 mit einem 1:1 bei Westfalia Herne; am Saisonende nur zehn gewonnene Punkte und 112 Gegentreffer.

Gladbach läuft am heimischen Böckelberg auf: Hans-Gerd Schommen, Toni Turek und Willi Fischermann. Für Toni Turek sollte der Wechsel nach Gladbach nach einer längeren Verletzungspause das große Comeback werden, aber nach vier Spielen mit 17 Gegentreffern resignierte der Weltmeister von Bern und beendete seine Karriere.

6
FC Schalke 04 – Preußen Dellbrück 2:0 (1:0), 7. Oktober 1956, 10.000 Zuschauer

13 Menschen, 26 Augen, ein Ball, eine Richtung.

Die Spieler (v.li.): Heiner Kördell, Karl Borutta, Paul Matzkowski, Helmut Sadlowski, Manfred Orzessek, Kurt Meiß (Dellbrück), Hans Krämer, Günter Schemmerling (Dellbrück), Otto Laszig, Heinrich Busch (Dellbrück), Günter Brocker, Berni Klodt (7) und Schiedsrichter Brückner.

7
Glückauf-Kampfbahn, Gelsenkirchen, Dezember 1956

Die Innovation des Jahres 1956: Flutlichtspiele. Die Premiere fand im August 1956 an der Essener Hafenstraße statt, wenige Monate später glänzte auch die Schalker Glückauf-Kampfbahn mit einer neuen Flutlichtanlage. Vorerst waren aber nur Freundschafts- und Europapokalspiele unter Flutlicht zugelassen.

8
Kombinationself Rot-Weiss Essen/Fortuna Düsseldorf – Honvéd Budapest 5:5, 7. November 1956, 45.000 Zuschauer

Während in Ungarn der Aufstand gegen die sowjetische Besatzung tobte, wurde die „ungarische Wunderelf" von Honvéd Budapest auf eine Odyssee durch Europa geschickt. Das Gastspiel an der Hafenstraße fand statt, während in Budapest die sowjetischen Panzer die „Konterrevolution" niederschlugen.

Gerd Harpers, der damals in der Kombinationself stand, erinnert sich: „Der Aufstand in Ungarn bestimmte die Schlagzeilen. Deutschland war noch geteilt und alles war geprägt vom Kalten Krieg. Es waren enorme Zuschauermassen im Stadion, die bis zum Spielfeldrand und den Eckfahnen standen."

Ferenc Puskás, Kapitän der Honvéd-Elf, mit Trauerflor aufgrund der Geschehnisse in der Heimat.

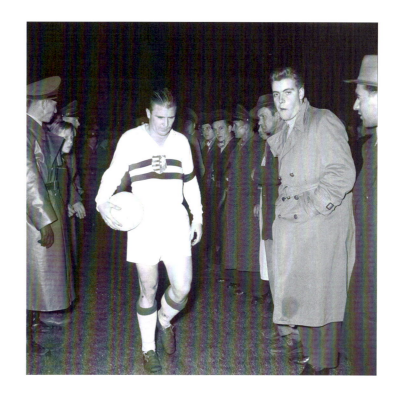

9
BV Borussia Dortmund – Manchester United 0:0, Europapokal der Landesmeister, 21. November 1956, 45.000 Zuschauer

Das Hinspiel im Achtelfinale des Europacups hatte der BVB gegen die „Busby Babes" mit 2:3 verloren. Zum Rückspiel wurde die Flutlichtanlage im Stadion Rote Erde eingeweiht und die Borussen traten mit ihren „goldenen" Flutlichttrikots an. Es reichte trotzdem nur zu einem 0:0.

10

Duisburger SV – 1. FC Köln 3:1 (0:1), 18. April 1957, 30.000 Zuschauer

Duisburgs Rolf Benning (li.) lauert auf einen Fehler von Zlatko „Tschik" Cajkovski, der als „jugoslawischer Weltstar" bereits 1955 in die Domstadt gewechselt war. Später sollte er als Trainer große Erfolge feiern.

Im Duell um die Vize-Meisterschaft und damit um die Teilnahme an der DFB-Endrunde hatte der DSV bei Punktgleichheit am Ende ein um 9/100 besseres Torverhältnis gegenüber den Kölnern.

11

Duisburger SV – SC Preußen Münster 5:3 (2:1), 30. März 1957, 13.000 Zuschauer

Münsters Torhüter Herbert Eiteljörge scheint noch zu rätseln, ob sich der Ball ins Tor senkt oder nicht. Eiteljörge war 1955 vom Duisburger SV zu Preußen Münster gewechselt, wo er sich bis 1968 als wahrer Dauerbrenner zwischen den Pfosten erwies.

12
**Duisburger SV – BV Borussia Dortmund 1:1 (0:1),
23. Oktober 1955, 10.000 Zuschauer**

Ein Bild aus der Saison 1955/56 – noch vor dem ersten Meistertitel des BVB. Die Geburtsstunde einer historischen Elf. Zum ersten Mal hatte BVB-Trainer Helmut Schneider jene Elf aufgestellt, die in exakt der gleichen Aufstellung den deutschen Meistertitel 1956 und 1957 holen sollte (v.li): Adi Preißler, Heini Kwiatkowski, Max Michallek, Herbert Sandmann, Alfred Kelbassa, Alfred Niepieklo, Helmut Bracht, Wilhelm Burgsmüller, Helmut Kapitulski, Elwin Schlebrowski und Wolfgang Peters.

Zum Spiel des BVB jener Jahre schrieb der Feuilletonist der Frankfurter Rundschau Helmut Böttiger in seinem Buch „Kein Mann, kein Schuß, kein Tor. Das Drama des deutschen Fußballs":

„Ihr Typus vom Fußball war praktischer, effektiver; hier wurden typische Eigenschaften wie Kampfgeist, Körpereinsatz, Kondition offensiv eingesetzt. Damit verkörperten die Dortmunder den neuen Geist des Ärmelaufkrempelns, des Wiederaufbaus, der Schnörkellosigkeit. Der typische Dortmunder „Konterfußball", die harte Attacke, die die Flanken des Gegners wie mit einem scharfen Messer aufschnitt – das war eine neue Zeit, die in Schalke erst einmal eine Götterdämmerung anberaumte. In den fünfziger Jahren galt es als das höchste Lob, wenn man jemanden ‚Hammer' nannte, sozusagen die Umsetzung der Ideale der Schwerindustrie auf dem Fußballplatz: Die Dortmunder Kelbassa und Niepieklo aus der einzigartigen Meistermannschaft der Jahre 1956 und 1957 bezogen die Anerkennung aus derlei Eigenschaften. Proletarische Wucht, gepaart mit mannschaftlicher Geschlossenheit, Effektivität im Spielaufbau – das ist der Idealtypus des Fußballs in den Industriegesellschaften."

1
**VfL Bochum – BV Borussia Dortmund 2:1 (1:0),
16. Februar 1958, 12.000 Zuschauer**

Alfred „Aki" Schmidt zieht ab, beobachtet von seinem Vorbild Adi Preißler.

Aki Schmidt – Der Straßenfußballer aus Berghofen

Aki Schmidt, ich habe gehört, dass Sie von ihrem ersten Training bei Borussia zu Fuß nach Hause gegangen sind, weil das Niveau Sie so beeindruckt hatte. Stimmt das?

Ja, das stimmt. Ich spielte bei meinem Heimatverein Berghofen in der Jugend, und Borussia hatte bereits ein Auge auf mich geworfen. Also haben die mich als 15-jährigen ins Auto gepackt und mit zum Training genommen. „Bumbas" Schmidt trainierte den BVB. Ich habe mir das Training angeschaut und die Hände über den Kopf zusammengeschlagen. In dem Moment habe ich erst gemerkt, was Fußball ist: Schnelligkeit, Technik, Kreativität und das Zusammenspiel der Mannschaft. In Berghofen kannte ich nicht einmal einen Trainer. Die, die als „Trainer" auftraten, haben einen Ball hingeschmissen und gesagt: „Jetzt lauft mal zehn Runden und danach macht ihr ein Spiel!" Dabei haben sie eine Zigarette geraucht, und nach einer Stunde sind wir alle nach Hause gegangen. Ich wusste nur, ich muss noch unglaublich viel trainieren, um da hin zu kommen. Ich bin still und leise abgehauen und über die Gleise zu Fuß nach Berghofen zurückgegangen. Die haben mich gar nicht mehr gesehen.

Wo haben Sie in Berghofen gespielt?

Als Kinder haben wir natürlich auf der Straße gepöhlt, und von dort hat mich die SpVgg. Berghofen in die Jugendmannschaft geholt. Ich bin also ein richtiger Straßenfußballer. Als ich im Verein war, hat mir mein Vater unter so ein Paar Bergmannschuhe, die mir zwei Nummern zu groß waren, Stollen drunter gehauen. Gleich im ersten Spiel habe ich drei Tore geschossen und so bin ich beim Fußball geblieben. Schon damals konnte ich nicht verlieren, das ist bis heute so (Lacht). Wir wurden Kreismeister, und bald wurde ich frühzeitig bei den Senioren eingesetzt. Ich spielte alles: Stürmer, Mittelläufer, Außenläufer. Irgendwie hatte ich mir die Fähigkeit angeeignet, ein Spiel lesen zu können, und habe dementsprechend meine Position verändert. Dieses Allrounder-Talent sollte mich später selbst in der Nationalmannschaft auszeichnen.

Hat Borussia Sie damals schon fasziniert?

Natürlich! Ich war doch ein Dortmunder Junge. Aus der Zeitung kannte ich die Spieler jeder Mannschaft auswendig. Es gab viele polnische Namen, die mit „-ski" endeten, und da habe ich immer gedacht: „Was müssen das für Granaten sein, die ein „-ski" am Ende haben!" (Lacht) Einmal im Jahr hat mich mein Vater mit in die „Rote Erde" genommen. Bei den Gelegenheiten habe ich mir meine Vorbilder wie Adi Preißler und Max Michallek ganz genau angeschaut. Anschließend habe ich zu Hause versucht, es auch so zu machen wie die. Bis heute bin ich sehr stolz darauf, dass ich mir das fußballerische alles selbst angeeignet habe.

Mit Michallek und Preißler haben Sie noch zusammen gespielt.

Preißler war immer mein Vorbild. In der Nationalmannschaft stand er leider im Schatten von Fritz Walter, sonst hätte er viel mehr Länderspiele gemacht. Ein feiner Techniker und ein Regis-

2

Jürgen "Charly" Schütz, Trainer Max Merkel und Aki Schmidt, April 1960.

3

BV Borussia Dortmund – Hamburger SV 7:2 (2:1), Endrunde um die Deutsche Meisterschaft, 18. Juni 1961, 42.000 Zuschauer

„Wir mussten gegen den HSV hoch gewinnen, um überhaupt in das Endspiel einziehen zu können. Immerhin waren Seeler & Co der amtierende Meister. Was sich dann entwickelte, war ein wahrer Spielrausch", erinnert sich Aki Schmidt an „eines der besten Spiele in der Roten Erde".

Der BVB ausnahmsweise in der Defensive (v.li): Rolf Thiemann (3), Aki Schmidt, Torhüter Heini Kwiatkowski, Willi Burgsmüller und Lothar Geisler.

seur mit riesigem Durchsetzungsvermögen. Als ich zu Borussia kam, hat er mich sofort in den Arm genommen und gesagt: „Wir beide werden Freunde." Max Michallek war dagegen eher introvertiert, ein reiner Kohlenpottjunge. Er strahlte auf dem Platz eine unvergleichliche Eleganz aus und hatte eine Nase dafür, wie sich Situationen entwickeln würden. Ich verwende das Wort „Weltklasse" selten, denn das waren für mich Alfredo di Stefano und Ferenc Puskas, aber Max war nicht weit davon entfernt. Es gibt viele Geschichten darüber, warum Michallek nicht bei Herberger spielte, einiges mag stimmen, sicher hat Max gerne einen gehoben, andere sind frei erfunden. Ich denke, Michallek passte einfach nicht in Herbergers System. Aber immer, wenn ich von der Nationalmannschaft zurück nach Dortmund fuhr, sagte Herberger zu mir: „Aki, vergessen Sie nicht, den Max zu grüßen!" Er war der Einzige, den Herberger immer persönlich grüßen ließ. So viel Respekt war da.

Wie kam schließlich 1956 der Wechsel von Berghofen zur großen Borussia zu Stande?

Ich war 20 Jahre alt, mit Berghofen zweimal aufgestiegen, und der BVB hatte gerade seine erste Meisterschaft geholt. Ich habe immer gesagt: „Ich muss geholt werden, sonst geht das nicht." Dann kam in Berghofen Borussias Obmann Dolle mit einem schwarzen Opel Kapitän vorgefahren. Berghofen war ein Malocherstadtteil und private PKWs waren selten, erst recht ein Opel Kapitän. Alle wussten: „Jetzt holen sie den Jungen!" Ich habe bei Borussia sofort in der ersten Mannschaft gespielt und nach einem halben Jahr wurde ich bereits Nationalspieler.

Ich war Dreher, bekam aber eine ruhigere Stelle im Büro, so unterhalb des Vorstandes. Die Werksdirektoren waren alle für Borussia und bekamen von mir Eintrittskarten und unterschriebene Postkarten von den Reisen mit der Nationalmannschaft. Dadurch hatte ich einige Freiheiten, um mich auf den Fußball zu konzentrieren. Es scheint, dass ich schon als Kind im Kopf auf alles vorprogrammiert war, was kommen sollte: Oberliga West, Nationalmannschaft, Europacup. So habe ich meinen Weg konsequent durchgezogen.

Woher kam diese „Aufstiegsenergie"?

Ich habe als Kind erlebt, wie wir während des Krieges in Berghofen total ausgebombt wurden. Meine Mutter hatte ein kleines Kolonialwarengeschäft, das auch weg war. Wir standen mit nichts da, nur mit dem, was wir am Körper hatten. Diese Erfahrung hat mich unheimlich geprägt. So wollte ich nie wieder dastehen.

Der Bezug zum Fußball kam über Ihren Vater. War er ein Anhänger Borussias?

Mein Vater war ein Fan von mir. Er arbeitete als Stahlarbeiter auf Phoenix in Hörde. Teilweise haben sie ihn schon in Berghofen veräppelt, wenn er abends an der Theke von seinem Sohn schwärmte. Er hat fast jedes Spiel von mir gesehen, schon in der Schülermannschaft, und für ein Tor bekam ich 50 Pfennig. Manchmal waren das vier bis fünf Stück, die ich reingehauen habe. Das waren 2,50 Mark, und damit bin ich mit meinem

Freund ins Hörder Kino gegangen: 50 Pfennig Rasierplatz, 50 Pfennig Bonbons. So war unser Wochenende, und sonntags natürlich Fußball.

Sie sind in die Mannschaft gekommen, die 1956 Meister geworden war. Und am Ende Ihrer ersten Saison stand wieder ein Endspiel an...

Das war der schlimmste Tag in meinem Fußballer-Leben. Ich war in der Saison Stammspieler gewesen, junger Nationalspieler und hatte gegen die Offenbacher Kickers das entscheidende Tor erzielt. Natürlich habe ich dem Endspiel entgegengefiebert. Aber Trainer Helmut Schneider war verbohrt und wollte unbedingt mit der gleichen Aufstellung erneut Meister werden. Auswechseln konnte man noch nicht. Ich hatte das schon im Vorfeld gemerkt, denn er guckte mich gar nicht an und ging an mir vorbei. Fünf oder sechs Mann aus der Meistermannschaft waren gefährdet und jeder fragte sich, wie der Trainer wohl aufstellen würde. Abends vor dem Finale gab es eine Vorstandssitzung, in der mich der Vorstand in die Mannschaft hievte. Schließlich war allen bereits klar, dass Trainer Schneider uns in Richtung Pirmasens verlassen und Helmut Kapitulski mitnehmen würde. Ich hatte Kontakt mit Sepp Herberger, dem ich die Sache erzählte. Herberger sagte nur: „Ja, Aki, das müssen Sie jetzt wissen, was Sie machen." Aber was sollte ich tun? Der Trainer wollte mich nicht aufstellen, aber der Vorstand tat es. Den Zwiespalt konnte ich nicht lösen. Am Morgen des Finales kam Schneider zu mir ans Bett und teilte mir seine Entscheidung mit, die gleiche Elf wie im Vorjahr auflaufen zu lassen. Die Tränen liefen ihm dabei herunter. Da habe ich zu ihm gesagt: „Hören Sie auf, Herr Schneider, ich kann das hier nicht ertragen. Wir werden heute gegen HSV gewinnen, und ich kann nicht mithelfen. Ich habe meine Koffer schon gepackt und haue ab nach Hause." – „Das können Sie nicht machen", sagte er, „das ist ein Skandal" – „Nein", antwortete ich, „der Skandal ist, dass Sie mich nicht aufstellen!" Damit war das Gespräch beendet. Am Ende kamen Adi Preißler und Max Michallek zu mir und sagten: „Junge, du fährst nicht nach Hause und bleibst hier bei uns."

Wie groß war die Enttäuschung für Sie?

Ich war total unten. Ich konnte es einfach nicht glauben, dass ich nicht spielen durfte. Ich war mit Berghofen aufgestiegen, immer wieder oben gewesen und plötzlich kam dieser Hammer! So was von fertig war ich noch nie in meinem Leben zuvor. Sepp Herberger war in dieser Phase für mich der entscheidende Mann. Er baute mich wieder auf. „So, wir spielen nächste Woche mit der A-Nationalmannschaft im Berliner Poststadion gegen eine Berliner Auswahl. Machen Sie sich keine Gedanken, Sie werden bei mir in der Nationalmannschaft spielen, aber von Borussia sonst keiner mehr!" Dann hat er mich in den Arm genommen, und wir sind über den Platz gegangen. In der Woche danach kam ein Brief von ihm, er hat ja öfters solche Briefe mit Trainingshinweisen oder Ratschlägen geschrieben, in dem er schrieb: „Bleiben Sie in Dortmund. Sie kriegen das alles noch in die Hand, jetzt schon bald. Dann machen wir da weiter." Und so kam es auch.

4

Deutschland – Chile 2:1, Freundschaftsspiel, 23. März 1960

Hans Tilkowski und Aki Schmidt im Dress der Nationalmannschaft. Tilkowski, damals noch in Diensten des SC Westfalia Herne, sollte zu Beginn der Bundesliga 1963 zum BVB wechseln. 1966 standen beide in der Dortmunder Elf, die in Glasgow als erste deutsche Mannschaft einen Europapokal gewinnen sollte.

Nach der Meisterschaft ging es für Sie mit der WM-Teilnahme 1958 weiter bergauf, mit Borussia allerdings etwas bergab.

Nach der zweiten Meisterschaft 1957 befand sich die Mannschaft im Umbruch. Als ich 1958 von der WM in Schweden zurückkam, hatten wir eher ein mittelmäßiges Team. Es musste etwas passieren, und mit Trainer Max Merkel kam ein Neubeginn. Er bewegte etwas und hatte einen großen Einfluss im Verein, was damals eher selten war. Merkel verteilte sogar die Prämien – nach dem Motto: „Du hast gut gespielt: 50,- Mark; Du nicht so: 20,- Mark."

In den letzten Jahren der Oberliga West stand der BVB vor allem in der Konkurrenz zum 1. FC Köln. Wollte man die Großstädter vom Rhein im Ruhrgebiet besonders bügeln?

Wollen ja, aber man konnte es nicht, weil die so stark waren. Der 1. FC war Dank des Präsidenten Franz Kremer der modernste Klub der Oberliga. Er war ein Visionär und seiner Zeit weit voraus. Er hat für seine Spieler und den Verein viel getan, und es hieß nicht umsonst: „Wir werden das deutsche Real Madrid!" Die weißen Trikots hatte der 1. FC schon. Die sportliche Qualität stimmte, aber der Kölner war gegenüber dem „Kohlenpott" immer etwas hochnäsiger. Die haben uns ein bisschen von oben herab angeschaut, und das war im Endspiel 1963 unsere große Motivation. Köln war Westmeister geworden, wir nur Zweiter. Kölns damaliger Trainer „Tschik" Cajkovski gab uns den Rest, als er vor dem Endspiel erklärte, es käme nur auf die Höhe des Kölner Sieges an. Wir waren so etwas von heiß und haben 3:1 gewonnen. Die hatten an dem Tag wirklich keine Chance gegen uns.

Das Endspiel stand schon im Schatten der beginnenden Bundesliga, oder?

Wir Spieler freuten uns auf die kommende Bundesliga. Dort spielten die Besten aus ganz Deutschland, und es war, als ob du jeden Samstag um die Deutsche Meisterschaft spielen würdest. Außerdem konnten wir etwas mehr Geld verdienen: 1.200 Mark und eine Staffelung nach oben für Nationalspieler.

Wie war die Rivalität zu Schalke 04?

Die gab es schon, weil einfach die zwei traditionsreichsten Mannschaften des Ruhrgebiets aufeinander trafen. Zu den Derbys waren die Stadien immer brechend voll, und trotzdem konnte man manchmal eine Stecknadel fallen hören. Aber die alte Oberliga West zeichnete sich vor allem dadurch aus, dass es immer mehrere Vereine gab, die Meister werden konnten: Fortuna Düsseldorf, Rot-Weiss Essen, die Kölner und Schalker, Borussia, eine Zeitlang auch Westfalia Herne. Diese Ausgeglichenheit gab es in den anderen Oberligen nicht. Im Norden dominierte der Hamburger SV, im Südwesten der 1. FC Kaiserslautern. Nur im Süden mit dem Karlsruher SC, Eintracht Frankfurt und Kickers Offenbach gestaltete es sich etwas offener.

Interview

BV Borussia Dortmund – 1. FC Köln 3:1 (1:0), Endspiel um die Deutsche Meisterschaft, Neckarstadion, Stuttgart, 29. Juni 1963, 75.000 Zuschauer

Zum ersten Mal seit 1933 wieder ein rein westdeutsches Endspiel um die Deutsche Meisterschaft. Aki Schmidt im Duell mit Karl-Heinz Schnellinger – beide auch Torschützen im Finale.

War die Identifikation der Anhänger mit den Vereinen größer?

Das war etwas anderes als heute. Ich selbst hörte 1949 das Endspiel von Borussia Dortmund gegen den VfR Mannheim im Radio, die Hitzeschlacht von Stuttgart. Den Klang des Reporters habe ich bis heute im Ohr, und wie Borussia kurz vor Schluss noch verlor. Ich habe selten geweint im Leben, aber da habe ich ordentlich geheult. „Borussia" – man hat sich damit identifiziert. Viele Menschen meiner Generation haben diese Erfahrungen gemacht, was ich bei den Stadionführungen merke, wenn wir an der Roten Erde vorbeigehen. Man kann sich gar nicht mehr vorstellen, wie die Leute damals für Borussia waren. Köln ist zum Beispiel anders als Dortmund. Die Kölner konnten verlieren und hatten trotzdem ihren Karneval. Mit wem oder was konnten sich die Leute hier identifizieren? Wir waren immer Kohlenpott, richtige Arbeiter mit Blaumann an oder Bergleute von unten. Die haben nicht viel verdient, hatten Blagen, und Fußball war für sie der Höhepunkt der Woche. Dieses „wir" zwischen Mannschaft und Zuschauer konnte man manchmal regelrecht greifen, an zauberhaften Nächten wie dem legendären 5:0 über Benfica Lissabon. Etwas davon hat sich bis heute vererbt. Der Vater ging mit seinem Sohn in die Rote Erde, und die Kinder von damals heute mit ihren Kindern ins Stadion. Für so manchen ist der BVB auch Familiengeschichte. Hier in Dortmund wird kein Bier mehr gebraut, keine Kohle mehr geholt und die Stahlwerke sind auch nur noch wenige, aber Borussia ist geblieben.

Alfred „Aki" Schmidt

Am 5. September 1935 in Dortmund-Berghofen geboren, wechselte Aki Schmidt 1956 zu Borussia Dortmund. Bereits im April 1957 gab der Allrounder sein Debüt in der Nationalelf, in der er es inklusive der WM-Teilnahme 1958 auf 25 Einsätze brachte. Schmidts Karriere im schwarz-gelben Dress umspannt sowohl die Glanzzeit Mitte der 1950er Jahre als auch den Gewinn des Europacups der Pokalsieger 1966. Seine beeindruckende Bilanz: Deutscher Meister 1957 und 1963, Pokalsieger 1965, Europapokalsieger 1966, 194 Spiele in der Oberliga West, 81 Bundesliga-Spiele und 25 Einsätze im Europapokal. Ende der 1990er Jahre kehrte Aki Schmidt als „Fan-Beauftragter" zu „seiner Borussia" zurück.

1

FC Schalke 04, Deutscher Meister, Mai 1958

Der FC Schalke 04 posiert als Deutscher Meister für die Kamera: Berni Klodt, Manfred Orzessek, Manfred Kreuz, Otto Laszig, Günter Brocker, Günter Siebert, Heinz Kördell, Karl Borutta, Helmut Sadlowski, Willi Koslowski, Günter Karnhof, Trainer Frühwirth und Obmann Karl Stutte.

Die Schalker Vereinsnachrichten vom Juni 1958 berichteten über die „Atmosphäre" des Titels:

„Elf überglückliche Spieler lagen sich in den Armen, als Schiedsrichter Dusch das Endspiel abpfiff. Die Schlachtenbummler stürmten auf den Platz, hoben ihre Spieler auf die Schultern und trugen sie zur Siegerehrung. Nach 16 Jahren war der große Wurf gelungen. Die junge Elf, liebevoll großgezogen in den verflossenen Jahren der harten Arbeit, brachte die erste Ernte heim.

Ergriffen standen die Spieler der Altmeistermannschaft neben ihren jungen Vereinskameraden. Die 7. Deutsche Meisterschaft, um die sie selbst noch gekämpft, die sie selbst noch erhofft, wurde von der jungen Elf zum Schalker Markt gebracht. Keiner von denen, die 1942 die 6. Deutsche errangen, war noch mit dabei. Aber ihr Geist, ihr Schalker Kreisel, war noch da und hatte mitgeholfen diese hohe Auszeichnung zu erringen.

Dass nun manches Herz weich wurde und Spieler wie Zuschauer sich ihrer Glücktränen nicht schämten, war verständlich. Nur wer Jahr um Jahr und Sonntag um Sonntag um seine Mannschaft gebangt, kann die Freude verstehen, die sich von Hannover zum Schalker Markt ergoss, die dort alle Menschen ergriff und 300.000 auf die Straße trieb."

Die Torjäger der Saison 1957/58

Alfred Kelbassa (BV Borussia Dortmund)	**24**
Hans Sturm (1. FC Köln)	**18**
Willi Soya (FC Schalke 04)	**17**
Heinz Bohnes (Meidericher SV)	**17**
Berni Klodt (FC Schalke 04)	**15**
Hans Schäfer (1. FC Köln)	**15**
Adolf Scheidt (Preußen Münster)	**15**

Die Saison 1957/58

OBERLIGA WEST 1957/58	FC Schalke 04	1. FC Köln	Alem. Aachen	Meidericher SV	Bor. Dortmund	Preußen Münster	RW Essen	Fort. Düsseldorf	Viktoria Köln	Duisburger SV	RW Oberhausen	Westfalia Herne	SV Sodingen	VfL Bochum	Wuppertaler SV	Hamborn 07	Tore	Punkte
1. FC Schalke 04	•	2:3	4:0	1:1	2:2	2:0	2:2	4:1	3:0	2:1	7:1	3:0	4:2	0:1	5:0	5:1	74:36	41:19
2. 1. FC Köln	0:2	•	4:0	3:0	3:1	4:0	1:1	4:1	1:4	2:1	4:2	3:1	4:1	6:2	2:0	8:2	74:45	40:20
3. Alem. Aachen	2:1	0:2	•	1:2	4:1	1:1	2:0	3:0	1:0	2:1	2:2	3:1	3:1	4:0	3:1	6:0	47:38	37:23
4. Meidericher SV	4:1	2:1	2:0	•	2:2	3:2	1:1	2:2	4:0	1:1	1:2	0:1	6:3	4:0	1:1	0:1	56:37	36:24
5. Bor. Dortmund (DM)	1:1	5:1	0:1	3:3	•	0:2	2:1	2:4	4:1	5:1	7:0	1:1	2:0	3:0	5:1	5:1	67:44	35:25
6. Preußen Münster	1:1	1:1	0:0	3:1	1:1	•	1:0	4:0	5:1	4:1	0:0	1:1	1:1	3:3	1:3	1:1	48:45	30:30
7. RW Essen	3:0	3:1	4:1	0:4	0:1	0:2	•	2:1	2:1	0:0	1:1	1:2	0:2	3:0	1:0	2:1	40:42	30:30
8. Fort. Düsseldorf	1:2	2:4	0:1	2:2	3:2	1:1	1:1	•	2:3	1:2	1:0	3:1	3:2	2:2	7:2	3:1	57:58	29:31
9. Viktoria Köln	4:4	0:3	1:1	0:1	2:3	4:1	5:2	1:4	•	3:2	2:1	5:0	4:0	0:0	5:2	1:1	57:58	29:31
10. Duisburger SV	1:1	4:1	1:2	1:3	1:2	1:0	2:0	1:4	2:0	•	3:1	0:2	3:0	1:0	2:1	1:1	41:48	29:31
11. RW Oberhausen (N)	1:1	3:2	1:1	2:2	1:0	2:1	1:2	3:1	2:4	0:2	•	1:1	2:1	4:1	4:0	1:2	45:56	28:32
12. Westfalia Herne	2:2	1:0	0:1	0:2	2:2	3:3	1:1	3:3	2:2	0:3	2:1	•	2:2	0:2	4:2	3:1	41:54	27:33
13. SV Sodingen	0:1	2:2	5:0	2:1	2:1	1:2	1:1	1:0	2:2	1:1	1:1	2:2	•	0:3	0:0	4:1	44:55	24:36
14. VfL Bochum	0:4	1:2	1:1	0:1	2:1	2:3	4:3	0:1	1:1	4:0	0:2	2:2	1:1	•	1:1	3:1	39:62	24:36
15. Wuppertaler SV*	1:2	1:2	1:1	1:0	0:1	4:2	0:1	2:2	2:0	5:0	3:0	1:0	0:3	7:1	•	4:4	46:60	23:37
16. Hamborn 07 (N)*	0:5	0:0	1:0	0:0	1:2	2:1	1:2	0:1	0:1	0:1	1:3	1:1	2:1	1:2	0:0	•	29:67	18:42

2

**BV Borussia Dortmund – FC Schalke 04 1:1 (1:0),
5. Januar 1958, 45.000 Zuschauer**

Das Westfalenderby sorgte wieder für Schlagzeilen: „Für solche Spiele ist die Kampfbahn Rote Erde zu klein!", schrieb die Westdeutsche Allgemeine Zeitung und im „Fußball-Sport" hieß es: „Die Wogen der Begeisterung schlugen hoch. Als die Ränge die Massen nicht mehr fassen konnten, ergoss sich der Zuschauerstrom bis an die Seitenlinien, die von berittener Polizei freigehalten werden mussten."

Im Kampf um den Ball: Heini Kwiatkowski, Herbert Sandmann, Berni Klodt (am Boden), Willi Koslowski und Helmut Bracht.

3

Meidericher SV – Duisburger SV 1:1 (1:0), 1. September 1957, 20.000 Zuschauer

Nach dem Auf & Ab der Vorjahre trat der Meidericher SV langsam aus dem Windschatten des etablierten Duisburger SV heraus. Das markante blau-weiße „Zebra-Trikot" entstand bereits 1908, als man in Meiderich als wohl erste Mannschaft in Deutschland die britische Idee importierte, Trikots mit Querstreifen zu versehen.

Es jubeln (v.li.) Gerd Schönknecht, Jürgen Geisen (7), Heinz Bohnes (9) und Kurt Nolden

4
Kurt Brumme, Glück-Auf-Kampfbahn, Sodingen, 1958

Der Moderator Kurt Brumme galt als „Stimme des Westens". Er begleitete die Oberliga West für den WDR-Hörfunk von der Wiege bis zur Bahre. Besonders populär wurde er mit Beginn der Bundesliga, als er auf WDR 2 die Bundesliga-Konferenzschaltung am Samstagnachmittag moderierte.

5
Sepp Herberger auf Schalke, Oktober 1957

Bundestrainer Sepp Herberger wahrscheinlich nicht mit seinem berühmten Notizbuch. Jedenfalls wird seine Unterschrift von den jugendlichen Fans aufmerksam beäugt.

6

Duisburger SV – BV Borussia Dortmund 1:2 (0:1), 10. November 1957, 18.000 Zuschauer

Schiedsrichter Schmitz (hinter ihm Aki Schmidt) verschafft sich gegenüber Duisburgs Willi Koll (5) Respekt.

Willi Koll bestritt von 1949 bis 1961 241 Oberliga-Spiele für den DSV. „Koll war DSV und der DSV war Koll", erinnert sich Schalkes Meisterverteidiger Günter Brocker an seinen Kollegen, mit dem er Ende der 1940er Jahre noch beim Duisburger FV 08 gemeinsam gespielt hatte. „Hinten spielte Koll eine Art Libero und haute alles weg und wenn es nötig wurde, ging er mit nach vorne und machte sogar noch eine Bude", so Brocker.

7

SC Preußen Münster – Duisburger SV 4:1 (2:0), 23. September 1957, 15.000 Zuschauer

Rudi Schulz und Siegfried Rachuba waren Ende der 1950er Jahre von Preußens legendärem „100.000 Mark – Sturm" übrig geblieben.

Rudi Schulz, dessen Karriere noch bis 1962 anhielt, ist mit 280 Einsätzen im Trikot der Preußen vereinsinterner Oberliga-Rekordspieler (- dazu kommen noch 30 Einsätze für den BVB).

Sigi Rachuba beendete seine Karriere 1959 und ist mit 97 Toren Münsters Oberliga-Rekordtorjäger (- dazu noch 30 Tore für die SpVgg. Erkenschwick).

8

Alemannia Aachen – FC Schalke 04 2:1 (1:1), 6. Oktober 1957, 35.000 Zuschauer

Mit 18:0 Punkten gestartet, verteidigte Alemannia Aachen die Tabellenspitze 23 Spieltage lang. Nach einem 4:1-Sieg über den BVB im Januar 1958 titelte der „Fußball-Sport" bereits: „Das war Alemannias Meisterstück!" Doch am Ende blieb nur der undankbare dritte Platz. (v.li): Herbert Metzen, Johannes Coenen, Gerd Richter, Willi Krämer, Herbert Krisp, Jupp Martinelli, Matthias Rossbach, Michel Pfeiffer, Willi Meyer, Helmut Schiffer und Fred Jansen. Im Hintergrund erklimmen die Zuschauer den Flutlichtmasten am Tivoli.

9

FC Schalke 04 – Fortuna Düsseldorf 4:1 (3:0), 15. September 1957, 20.000 Zuschauer

Zweikampf zwischen Willi „Der Schwatte" Koslowski und Erich „Hammer" Juskowiak an einem verregneten Septembertag. In Schalkes Meistermannschaft von 1958 war Koslowski – mit einem Knappenbrief der Zeche Hugo ausgestattet – der letzte Bergmann.

„Jus" sollte bei der WM 1958 im Halbfinale durch sein Revanchefoul gegen den Schweden Hamrin zu trauriger Berühmtheit gelangen. „Jahrelang bin ich nicht darüber hinweggekommen. Die Leute fragten bei meinem Namen immer: ‚Juskowiak, sind Sie nicht …?', und ich sagte dann immer ganz schnell: ‚Ja, ganz recht, der bin ich'", beklagte er seine Rolle als Sündenbock für das damalige Aus im Halbfinale der WM.

Die Saison 1957/58

10

Alemannia Aachen – 1. FC Köln 0:2 (0:0), 3. April 1958, 38.000 Zuschauer

Beim de-facto Endspiel um die Vize-Meisterschaft zwischen den punktgleichen Aachenern und dem 1. FC einen Spieltag vor Saisonende brach auf dem Tivoli unter dem Druck einer Menschenlawine eine eiserne Umzäunung. Es gab mehrere Verletzte, Geißbock Hennes kam jedoch ungeschoren davon.

Kölns Mittelfelddirigent Jupp Röhrig erinnert sich an die Atmosphäre des Westschlagers: „Zwischen Köln und Aachen gab es eine große Rivalität. Viel stärker als gegen Düsseldorf oder den Lokalkonkurrenten Viktoria Köln. Für uns war es immer sehr schwer, in Aachen zu gewinnen. Das lag auch am Stadion. Alles war dort eng, zusammengepfercht, und der Platz war eine Sandkuhle. Wer da nicht kämpfen konnte, hatte gleich verloren. Wenn sie am Tivoli einen Einwurf machen wollten, konnte es vorkommen, dass ihnen jemand von hinten die Hände festgehalten hat. So nah waren die Zuschauer am Platz dran. Wir hatten selbst zu unseren stärksten Zeiten gehörigen Respekt, wenn es nach Aachen ging."

11
Wuppertaler SV – FC Schalke 04 1:2 (1:1), 23. März 1958, 20.000 Zuschauer

Nur der Zoo blieb erstklassig. Am Ende der Spielzeit mussten die Bergischen den Abstieg antreten. Auf Dauer war es auch mit dem erst 1954 gegründeten WSV nicht gelungen, Wuppertal als Fußball-Stadt zu etablieren.

Horst Szymaniak, Berni Klodt und Theo Kolkenbrock beobachten den Gewaltschuss von Willi Soya.

12

1. FC Köln – FC Schalke 04 0:2 (0:0), 10. November 1957, 40.000 Zuschauer

Auge in Auge mit dem Fußball-Held: Kölns Torhüter Günther Klemm bekommt respektvoll den Ball gereicht.

13
**SV Sodingen – FC Schalke 04 0:1 (0:0), 13. April 1958,
25.000 Zuschauer**

Wieder entschied sich eine Westmeisterschaft am letzten Spieltag im Herner Stadtteil Sodingen. Trainer Frühwirth erklärte nach dem Spiel: „Das ist das Schöne im Fußballsport, dass es oft dramatische Zuspitzungen in der Meisterschaft bis zum letzten Spiel gibt. Überprüft man die Leistungen der Mannschaften an allen 30 Spieltagen, dann glaube ich, sind wir verdient Meister geworden."

In der Meistersaison schaffte der damals 22-jährige Manfred Kreuz – hier im Zweikampf mit Sodingens Harry Linka – den Durchbruch in Schalkes Stammformation. Fünf Jahre später sollte er als Kapitän Nachfolger von Berni Klodt werden.

Die Saison 1957/58

14

FC Schalke 04 – Hamburger SV 3:0 (2:0), Endspiel um die Deutsche Meisterschaft, Niedersachsenstadion, Hannover, 18. Mai 1958, 85.000 Zuschauer

Berni Klodt entwischt seinem Gegenspieler Günther Schlegel und erzielt per „Kopfballtorpedo" bereits nach 5. Minuten die 1:0-Führung. HSV-Torhüter Horst Schnoor ist machtlos, Außenläufer Jürgen Werner kommt zu spät.

Der überzeugte Katholik Klodt, der am frühen Sonntagmorgen im protestantischen Hannover noch eine Heilige Messe besucht hatte, war der überragende Spieler des Finales. Der „Kicker" ehrte den damals fast 32-jährigen mit der Schlagzeile: „Klodt war ‚jünger' als die Jugend".

1

SC Westfalia Herne – Offenbacher Kickers 1:4 (0:1), Endrunde um die Deutsche Meisterschaft, Rote Erde, Dortmund, 30. Mai 1959, 45.000 Zuschauer

Der SC Westfalia Herne erlebte in der Saison 1958/59 eine jener Geschichten, die das Leben nur selten schreibt: den Aufstieg vom einstigen Kellerkind zum Westmeister. „Hernes Weg ein Rätsel?", fragte die Wochenzeitschrift für Lotto und Toto „Das Glück".

Die Sympathien flogen dem Außenseiter aus dem „Kohlenpott" nur so entgegen. Die junge Mannschaft der Namenlosen lebte stellvertretend den Traum, den viele Menschen im Wirtschaftswunderland hatten: durch harte Arbeit und unermüdlichen Kampf ganz oben anzukommen.

Nur die Krönung in der Endrunde um die Deutsche Meisterschaft gelang nicht. „Wir haben viel Lehrgeld bezahlt, und es ärgert mich bis heute, dass wir in der Endrunde versagt haben", so Hernes damaliger Rechtsaußen Horst Wandolek.

Der Westmeister (v.li.): Siggi Burkhardt, Hans Tilkowski, Gerd Clement, Alfred Pyka, Willi Kellermann, Helmut Benthaus, Willi Overdieck, Alex Kraskewitz, Horst Wandolek, Jupp Bothe und Werner Losch.

Die Torjäger der Saison 1958/59

Gerd Clement (SC Westfalia Herne)	28
Josef Wolfram (Fortuna Düsseldorf)	25
Adolf Scheidt (SC Preußen Münster)	21
Jupp Derwall (Fortuna Düsseldorf)	19
Heinz Versteg (Meidericher SV)	17

Die Saison 1958/59

Die Saison 1958/59

OBERLIGA WEST 1958/59	Westfalia Herne	1. FC Köln	Fort. Düsseldorf	VfL Bochum	Bor. Dortmund	RW Essen	Preußen Münster	Meidericher SV	Duisburger SV	Alem. Aachen	FC Schalke 04	RW Oberhausen	Bor. M'gladbach	Viktoria Köln	SV Sodingen	STV Horst-Emscher	Tore	Punkte
1. Westfalia Herne	•	1:1	3:1	2:1	3:2	2:0	1:0	1:0	1:0	4:1	3:0	5:0	5:0	3:1	1:0	3:0	60:23	45:15
2. 1. FC Köln	0:1	•	3:3	5:1	2:3	1:0	0:2	1:0	3:1	2:2	1:0	5:1	2:2	2:2	1:1	4:1	60:35	39:21
3. Fort. Düsseldorf	3:2	3:4	•	5:1	1:1	3:1	5:3	1:2	3:4	3:2	5:4	6:0	6:0	5:2	4:2	4:1	89:56	39:21
4. VfL Bochum	2:0	0:0	5:3	•	3:0	1:2	2:2	1:0	3:3	2:0	1:1	1:1	3:0	2:2	1:1	8:0	61:43	36:24
5. Bor. Dortmund	1:0	0:0	3:3	3:4	•	4:2	4:0	3:2	2:0	2:1	1:3	2:0	2:1	6:2	2:2	4:2	59:47	35:25
6. RW Essen	2:2	2:4	1:0	2:3	1:2	•	0:1	0:1	2:0	2:1	1:0	1:0	2:2	2:2	2:3	3:1	51:42	32:28
7. Preußen Münster	1:1	1:1	2:1	0:2	3:1	1:2	•	2:3	0:0	0:2	3:1	2:6	3:1	2:1	2:0	4:0	50:51	32:28
8. Meidericher SV	2:2	0:0	0:5	0:2	2:0	2:1	0:1	•	2:2	5:1	3:2	4:0	3:1	2:0	3:0	4:0	44:44	30:30
9. Duisburger SV	1:1	1:1	1:2	1:1	3:1	1:1	0:2	4:0	•	2:2	2:3	5:2	1:1	1:3	3:0	5:0	55:46	28:32
10. Alem. Aachen	1:0	1:2	1:5	2:0	0:1	0:2	4:1	5:0	3:2	•	2:1	4:0	3:1	2:1	3:1	1:2	52:56	28:32
11. FC Schalke 04 (DM)	0:3	2:2	2:3	1:0	1:5	2:2	4:2	0:0	1:1	0:0	•	0:0	5:1	6:0	4:0	5:1	57:52	27:33
12. RW Oberhausen	1:4	1:0	0:0	2:4	2:0	1:1	1:0	2:0	1:1	4:2	1:2	•	1:0	5:5	2:2	6:0	48:65	27:33
13. Bor. M'gladbach (N)	0:0	0:0	1:1	2:1	2:0	0:6	3:4	2:0	2:2	2:0	2:2	2:2	•	6:1	2:0	2:0	39:58	25:35
14. Viktoria Köln	1:1	0:6	3:1	2:0	1:1	1:3	2:3	1:0	1:5	6:2	3:2	1:4	2:0	•	4:2	3:3	57:83	23:37
15. SV Sodingen*	1:4	1:3	1:2	1:2	1:0	0:1	1:1	2:2	2:0	1:1	3:2	2:2	1:0	2:1	•	1:2	34:57	21:39
16. STV Horst-Emscher (N)*	0:1	2:4	1:2	0:4	0:3	1:4	2:2	2:2	0:3	2:3	1:1	4:0	0:1	4:3	0:0	•	32:90	13:47

Die Saison 1958/59

2
BV Borussia Dortmund – SC Westfalia Herne 1:0 (1:0), 2. November 1958, 35.000 Zuschauer

Dortmunds Hans „Cissy" Cieslarczyk mit einer akrobatischen Einlage. Willi Overdieck (2), Werner Losch, Torwart Hans Tilkowski, Horst Wandolek (7) und Helmut Benthaus versuchen, den Kasten des SCW sauber zu halten.

Mit nur 23 Gegentreffern, ein Rekord seit dem die Oberliga auf 16 Vereine aufgestockt worden war, war die Defensivarbeit der Schlüssel zum Erfolg Westfalias.

4
SC Westfalia Herne – BV Borussia Dortmund 3:2 (2:1), 8. März 1959, 30.000 Zuschauer

Besucherrekord am Schloss Strünkede in Herne. Berittene Polizisten sorgten dafür, dass die Mannschaften überhaupt durch die Massen auf das Spielfeld kamen. Vorne: SCW-Kapitän Siggi Burkhardt, Willi Overdieck, Horst Wandolek und Trainer Fritz Langner

3
SC Westfalia Herne – Viktoria Köln 3:1 (1:0), 22. März 1959, 7.000 Zuschauer

„Das Spielerische ist die Basis des Erfolges", erklärte Westfalias Trainer Fritz Langner und fügte grinsend hinzu: „Würde Gerd Clement mit seinem Torschuss nicht dazwischenfahren, man könnte uns ja geradezu für verspielt halten." Der „Straßenfußballer" Clement – hier mit einem Heber gegen Viktorias Schlussmann Sauer – erzielte fast die Hälfte aller SCW-Tore der Saison.

Die Saison 1958/59

5
STV Horst-Emscher – FC Schalke 04 1:1 (1:1), 28. September 1958, 32.000 Zuschauer

Mit dem Ex-Schalker Herbert Burdenski als Trainer gelang dem Gelsenkirchener Vorortverein die Rückkehr in die Oberliga West. Der Punktgewinn gegen den großen Lokalkonkurrenten und amtierenden Meister gehörte allerdings zu einem der wenigen Höhepunkte im Lauf eines Jahres voller Niederlagen.

Horsts Mittelläufer Günter Schwertfeger im Zweikampf mit Willi Koslowski.

6
VfL Bochum – FC Schalke 04 1:1 (1:0), 24. August 1958, 30.000 Zuschauer

„Macht Schluß mit der rohern Bolzerei", titelte eine Sportzeitung nach der Hinrunde der Saison. Tatsächlich verzeichnete die Oberliga West eine Flut an Fouls, Verletzungen und Platzverweisen.

„Es grenzte fast an ein Wunder, dass das Spiel nach einer handfesten Keilerei während der 60. und 63. Minute noch den Schlusspfiff erlebte", schrieb der „Kicker" über diese Partie, in der gleich zwei Spieler des Platzes verwiesen wurden.

7
Borussia Mönchengladbach – Rot-Weiß Oberhausen 2:2 (1:0), 27. Januar 1959, 7.000 Zuschauer

Jubel auf dem Böckelberg: Gladbachs Karl-Heinz „Kaschi" Mühlhausen bezwang Oberhausens Torhüter per Elfmeter. Am Ende konnten beide Mannschaften den Klassenerhalt sichern.

8
**FC Schalke 04 – BV Borussia Dortmund 1:5 (0:2),
22. Februar 1959, 25.000 Zuschauer**

Der amtierende Deutsche Meister FC Schalke 04 konnte in keiner Phase der Saison an die Leistungen des Vorjahres anknüpfen. Die „Elf mit Zukunft" blieb die in sie gesetzten Hoffnungen schuldig.

Der gelernte Elektriker Manfred „Löwe" Orzessek mit einer spektakulären Faustabwehr – bestaunt von den Dortmundern Schorsche Dulz und Alfred Kelbassa.

9
**Rot-Weiss Essen – BV Borussia Dortmund 1:2 (0:1),
17. August 1958, 32.000 Zuschauer**

Helmut Rahn in seiner letzten Saison für Rot-Weiss. Der Junge aus einer Bergmannskolonie aus Altenessen gehörte zu den populärsten Sportlern der 1950er Jahre, sorgte allerdings auch wegen seines unsteten Lebenswandels außerhalb des Fußballplatzes für Schlagzeilen.

Den Humor hatte Rahn allerdings für sich gepachtet. Gemäß seinem Motto: „Wenn man mich nackt in die Wüste schickt, komme ich mit einem Anzug wieder heraus."

10

FC Schalke 04 – Rot-Weiss Oberhausen 0:0, 9. November 1958, 18.000 Zuschauer

Statt „Mach mal Pause" Kampf um den Ball (v.li.): Hans Siemensmeyer, Berni Klodt (verdeckt), Willi Demski, Heiner Kördell, Karl-Otto Marquardt und Helmut Laszig.

11

VfL Bochum – STV Horst-Emscher 8:0 (5:0), 22. März 1959, 12.000 Zuschauer

Acht Stück in Bochum: Der Tiefpunkt des Horster Oberliga-Abenteuers. Einzig der aus der eigenen Jugend hervorgegangene Torhüter Helmut Traska konnte überzeugen und weckte nach Horsts Abstieg vor allem in Oberhausen das Interesse.

Höhepunkt des Wechsel-Wirbels war ein nichtbestellter, von Oberhausener Vereinsfreunden gecharterter Möbelwagen, der vor Traskas Wohnhaus aufkreuzte. Der Torhüter verschwand für ein paar Tage. Gerüchten zur Folge sei er in das Landhaus des Oberhausener Obmanns Biederbeck entführt worden. RWO-Präsident Peter Maaßen konterte: „Sportkamerad Biederbeck wäre glücklich, wenn er ein Landhaus besitzen würde." Zu Beginn der neuen Saison trug Traska jedenfalls das Kleeblatt-Trikot.

12

Fortuna Düsseldorf – 1. FC Köln 3:4 (0:1), 5. April 1959, 56.000 Zuschauer

Die Düsseldorfer Wolffram, Derwall, Jansen & Co sorgten mit 89 Treffern für einen Torrekord der Oberliga, der erst 1962 vom 1. FC Köln egalisiert wurde. Vor der Rekordkulisse (v.li): Hans Schäfer, Matthias Mauritz, Jupp Röhrig und Waldi Hoffmann.

Am Ende der Saisonen gingen die Männer von der Kö jedoch wieder leer aus. In einem dramatischen Spiel vor 56.000 Zuschauern gewann der Erzrivale aus der Domstadt mit 4:3 und sicherte sich mit dem minimalen Torvorsprung von 0,13 (nach dem damaligen Divisionsverfahren) vor der Fortuna auch den Einzug in die Endrunde um die Deutsche Meisterschaft. Nach dem heute gültigen Torverhältnis hätte Fortuna (+ 33 Tore) deutlich vor den Kölnern (+ 25 Tore) gelegen.

13
Max Michallek, Stadion an der Hafenstraße, Essen, August 1958

Max „Spinne" Michallek am Ball. Für viele Zeitgenossen galt er als einer der besten Spieler der Oberliga West, obwohl er nie in der Nationalmannschaft gespielt hat. Atmosphärische Differenzen mit Sepp Herberger sollen die Ursache dafür gewesen sein.

Bei einem Lehrgang soll Michallek dem Bundestrainer entgegnet haben: „Trainer, Fußballspielen lernen muss ich nicht, das kann ich bereits." Dieser stichelte dagegen mit: „Herr Michallek, von mir können sie nicht erwarten, dass ich Ihnen in der Halbzeit jeweils einen Asbach serviere und Ihnen die Zigarette anzünde."

ETB Schwarz-Weiß Essen – Borussia Neunkirchen 5:2 (1:0), DFB-Pokalfinale, Aue-Stadion, Kassel, 27. Dezember 1959, 20.000 Zuschauer

Wenigstens ein Vertreter des Westens sicherte sich 1959 einen Titel: ETB Schwarz-Weiß Essen gewann überraschend den DFB-Pokal und trat damit ein bisschen aus dem langen Schatten des Lokalrivalen Rot-Weiss heraus. Gleichzeitig stieg der Zweitligist erneut in die Oberliga West auf. „Jetzt können sie beruhigt neue Briefbögen für den Verein drucken lassen", unkte ETB-Spieler Karl-Heinz Mozin ironisch nach dem Titelgewinn, „denn solch einen Erfolg wird es hier so schnell nicht mehr geben." Bis heute sollte er damit Recht behalten.

Der Pokalgewinner (v.li.): Horst Trimhold, Kalla Mozin, Gerd Pips, Manfred Rummel, Ede Kasperski (auf Schultern getragen von Werner Keus), Torhüter Hermann Merchel und Heinz Ingenbold. ETBs Vorsitzender Roloff weist den Weg.

1

1. FC Köln – FK Pirmasens 4:0 (2:0), Endrunde um die Deutsche Meisterschaft, 21. Mai 1960, 42.000 Zuschauer

Der 1. FC Köln stürmte zum ersten Mal in das Finale um die Deutsche Meisterschaft. Pirmasens Torhüter Heinz Kubsch, bereits 1947 Gründungsmitglied der Oberliga West im Tor der Sportfreunde Katernberg, hält den Ball vor der Torlinie und vor den heranstürmenden Hans Schäfer und Coskun Tas, dem türkischen Nationalspieler in Kölner Diensten, der zu Saisonbeginn gekommen war.

Tas durfte im Finale gegen den Hamburger SV nicht auflaufen, weil Vereinsboss Kremer kategorisch erklärte, im Endspiel um die Deutsche Meisterschaft dürften nur deutsche Spieler spielen.

Die Torjäger der Saison 1959/60

Jürgen Schütz (BV Borussia Dortmund)	**31**
Christian Müller (1. FC Köln)	**28**
Friedhelm Konietzka (BV Borussia Dortmund)	**25**
Bernhard Schwier (Viktoria Köln)	**22**
Horst Jesih (Hamborn 07)	**18**

Die Saison 1959/60

OBERLIGA WEST 1959/60	1. FC Köln	Westfalia Herne	Bor. Dortmund	FC Schalke 04	Duisburger SV	RW Essen	Viktoria Köln	Meidericher SV	Alem. Aachen	Preußen Münster	VfL Bochum	Hamborn 07	RW Oberhausen	Bor. M'gladbach	Fort. Düsseldorf	ETB SW Essen	Tore	Punkte
1. 1. FC Köln	•	3:2	2:2	1:1	5:1	7:1	5:1	3:1	0:1	3:0	2:0	6:2	3:2	3:1	3:1	4:2	85:39	44:16
2. Westfalia Herne (M)	3:1	•	3:2	3:1	2:2	2:1	2:3	0:0	4:1	3:0	1:1	2:2	1:1	6:0	2:0	3:0	56:37	37:23
3. Bor. Dortmund	0:3	4:1	•	6:3	1:3	5:1	6:1	3:2	3:1	3:0	4:2	4:2	1:1	4:1	5:1	4:1	81:62	35:25
4. FC Schalke 04	1:5	0:0	5:0	•	1:2	4:0	5:2	4:1	0:0	1:0	3:1	2:0	4:0	2:1	3:1	1:3	59:41	34:26
5. Duisburger SV	3:2	1:1	0:2	2:1	•	2:0	3:0	0:0	2:2	1:2	2:1	2:3	1:3	1:2	1:0	3:5	47:51	30:30
6. RW Essen	0:2	0:4	4:3	3:2	2:2	•	0:0	3:0	1:0	1:1	1:2	1:1	2:3	5:1	2:0	2:0	46:60	29:31
7. Viktoria Köln	1:3	0:1	3:3	2:0	1:3	4:4	•	3:1	7:2	3:2	3:2	3:3	5:4	3:1	4:2	1:3	60:71	28:32
8. Meidericher SV	1:3	3:1	1:1	0:1	1:1	1:0	0:0	•	1:0	3:1	3:2	2:0	0:2	1:2	2:2	1:0	35:45	28:32
9. Alem. Aachen	3:1	1:1	4:2	1:4	1:0	2:1	3:2	2:0	•	0:2	1:1	0:3	5:1	3:3	0:1	3:0	43:56	28:32
10. Preußen Münster	0:6	0:1	0:0	2:1	2:2	2:1	1:2	2:0	0:1	•	1:0	1:0	2:0	1:0	2:1	3:1	37:52	28:32
11. VfL Bochum	3:2	2:2	3:3	1:2	1:1	2:3	2:2	2:1	2:0	4:2	•	3:1	1:1	2:0	2:2	1:0	46:49	27:33
12. Hamborn 07 (N)	2:2	1:1	4:3	0:0	2:2	1:2	2:0	3:0	0:0	3:2	1:1	•	0:1	2:3	1:0	3:0	45:48	27:33
13. RW Oberhausen	2:2	2:1	1:1	0:2	2:2	0:1	1:1	0:3	3:0	1:2	2:1	1:1	•	3:0	0:1	0:0	40:49	27:33
14. Bor. M'gladbach	1:2	0:0	3:2	3:2	1:1	0:1	2:2	1:2	3:1	5:1	0:0	1:0	1:0	•	1:1	0:0	38:52	27:33
15. Fort. Düsseldorf*	1:1	0:3	5:2	0:2	0:0	5:0	3:1	2:2	3:4	3:1	3:1	2:2	1:3	1:1	•	3:2	46:53	26:34
16. ETB SW Essen (N)*	0:0	5:0	1:2	1:2	5:1	2:3	2:0	2:2	5:1	2:2	0:1	1:0	4:0	0:0	0:1	•	47:46	25:35

Anmerkung: Das Spiel Meidericher SV gegen FC Schalke 04 (0:1) wurde mit »0:0 Toren für Meiderich« gewertet.

2
**BV Borussia Dortmund – SC Preußen Münster 3:0 (1:0),
18. Oktober 1959, 15.000 Zuschauer**

Jürgen „Charly" Schütz (Bildmitte) wurde von Trainer Max Merkel von Urania Lütgendortmund zum BVB geholt. Der schlaksige Mittelstürmer eroberte gleich in seinem ersten Jahr die Torschützenkrone mit der Rekordmarke von 31 Treffern.

3
**ETB Schwarz-Weiß Essen – Rot-Weiss Essen 2:3 (1:2),
17. Januar 1960, 20.000 Zuschauer**

Das Essener Lokalderby im tiefen Schnee: RWE-Verteidiger Adolf Steinig grätscht dem ETBler Theo Klöckner den Ball ab.

Die Saison 1959/60

4
**Borussia Mönchengladbach – FC Schalke 04 3:2 (1:0),
21. Februar 1960, 20.000 Zuschauer**

Das „Borussen-Stadion" am Böckelberg ist zum Spiel gegen die Schalker Knappen ausverkauft. Borussia Vereinsführung war mit dem Zustand von „de Kull" – so die Bezeichnung im Volksmund – aber zunehmend unzufrieden, weswegen der Verein seine Heimspiele von 1960 bis 1962 ins neue Grenzlandstadion in die Nachbarstadt Rheydt verlegte. Erst durch umfangreiche städtische Renovierungsarbeiten (1961/62) und durch eine überdachte Stadiontribüne und Flutlicht (1966) wurde die alte Spielstätte auf künftiges Bundesliganiveau gehoben.

In Gladbachs Reihen sorgen in der Saison 1959/60 Jungnationalspieler Albert Brülls und die „drei Jansens", Verteidiger Albert, Linksaußen Dieter und Torwart Günter (im Bild), für Aufsehen.

5
**FC Schalke 04 – BV Borussia Dortmund 5:0 (3:0),
20. September 1959, 40.000 Zuschauer**

In einer neuen Form der Fankultur huldigt ein Anhänger dem Schalker Manfred Kreuz.

6
**VfL Bochum – FC Schalke 04 1:2 (0:1),
13. September 1959, 38.000 Zuschauer**

Die Saison 1959/60

7

**Alemannia Aachen – SC Westfalia Herne 1:1 (1:1),
13. September 1959, 15.000 Zuschauer**

Westfalia Herne, die Überraschungsmannschaft des Vorjahres, blieb allen Unkenrufen zum Trotz konstant. Helmut Benthaus (6), Hans Tilkowski und Kurt Gehlisch wehren einen Angriff der Aachener, im Sturmzentrum Matthias Rossbach, ab.

Der damalige Rechtsaußen Horst Wandolek erinnert sich: „Die Strukturen des Vereins konnten mit der sportlichen Entwicklung der Mannschaft nicht mithalten. Unsere Umziehmöglichkeiten waren eine Katastrophe: eine Toilette und drei Duschbrausen. Denken Sie mal: Donnerstags gab es ein doppeltes Butterbrot mit einem Ei drauf und einer Flasche Milch, die in einem Waschbottich warm gemacht wurde. Es hat sich nie einer beklagt, weil alle bescheiden waren und von der Fußballeuphorie lebten."

8

Hamborn 07 – Meidericher SV 3:0 (0:0), 4. Oktober 1959, 20.000 Zuschauer

Duisburg etablierte sich als „Stadt der Oberliga West": Mit dem Meidericher SV (11 Spielzeiten), SF Hamborn 07 (11), Duisburger SV (10) und Duisburg FV 08 (1) stellte die „alte Stadt Montan" als einzige vier Oberligavertreter.

Hamborns Mittelstürmer Horst Jesih beim Kopfball. Mit einem lupenreinen Hattrick sorgte er im Derby gegen die Zebras im Alleingang für den Sieg der „Löwen".

Das „August-Thyssen-Stadion" in Hamborn – mit dem markanten Gasbehälter im Hintergrund – fiel 1971 einem Parkplatz und einem Bildungszentrum der heutigen Krupp Thyssen Stahl AG zum Opfer.

9

Hamborn 07 – BV Borussia Dortmund 1:1 (1:1), 9. Oktober 1960, 15.000 Zuschauer

Während die Dortmunder Schütz und „Sully" Peters (7) über einen Torerfolg jubeln, zeigt sich Hamborns Defensivabteilung mit Rolf Schafstall, später als Trainer in der Bundesliga erfolgreich, Torhüter Horst Podlasly und Egon Hasse konsterniert.

10

1. FC Köln – SC Westfalia Herne 3:2 (1:2), 18. Oktober 1959, 50.000 Zuschauer

Defensivspezialist Karl-Heinz Schnellinger überwindet seinen Nationalmannschaftskollegen Hans Tilkowski. Schnellinger, bereits als Spieler des Zweitligisten SG Düren 99 Teilnehmer der WM 1958 in Schweden, kam 1958 zum 1. FC Köln und war eine der tragenden Säulen der Geißbock-Elf.

Wie im Vorjahr, bloß in umgekehrter Reihenfolge, vertraten am Ende der Saison der 1. FC Köln und Westfalia Herne den Westen in der Endrunde.

11
Willi Schulz, April 1960

Willi Schulz bestritt bereits als Spieler seines drittklassigen Bochumer Heimatvereins Union Günnigfeld drei A-Länderspiele. Nicht nur die Fans standen bei dem eisenharten Verteidiger Schlange, damit er seinen Namen unter ein Stück Papier setzte.

Schalkes Waldi Gerhardt, der Schulz von den Auswahlspielen kannte, traf sich wöchentlich mit dem Wattenscheider, um ihn zu bearbeiten: „Wir sind dann immer ins Kino gegangen und ich hab ihn die ganze Zeit bequatscht, er soll doch nicht nach Dortmund gehen, sondern zu uns kommen." Erfolgreich. Am Ende machte der FC Schalke 04 das Rennen.

12
SC Westfalia Herne – Borussia Neunkirchen 2:1 (0:0), Endrunde um die Deutsche Meisterschaft, 21. Mai 1960, 18.000 Zuschauer

Westfalias „Atom-Otto" Luttrop mit einem Flugkopfball, der knapp über das von Lado Jirasek gehütete Tor hinweg streicht.

„Wenn wir um die Deutsche nur annähernd so gespielt hätten wie in der Westdeutschen Meisterschaft, wären wir mindestens einmal ins Finale gekommen. Aber wir haben Spiele hingelegt und Tore kassiert?! Unfassbar!", reagiert Hernes Nationalspieler Alfred Pyka noch Jahre später mit viel Unverständnis auf das enttäuschende Abschneiden seiner Elf in den Endrunden 1959 und 1960.

13
Helmut Rahn, April 1960

Nach einem Jahr in der Domstadt verabschiedete sich Helmut Rahn (vorerst) von der nationalen Fußballbühne und wechselte zum SC Enschede nach Holland. Auch im Trikot der Nationalelf lief er im April 1960 zum letzten Mal auf.

„Helmut Rahn lebte so, wie er Fußball spielte: Immer alleine nach vorn", erinnert sich sein Kölner Vereins- und Nationalmannschaftskollege Jupp Röhrig.

Der Reporter Klaus Brinkbäumer erzählt in der Neuauflage von Rahns Biografie „Mein Hobby: Tore schießen" vom letzten Interview der kantigen Legende im Juni 2002 – anlässlich des Todes von Fritz Walter.

„Ein Reporter der ‚Bild am Sonntag' fängt Rahn beim Spaziergang durch sein Viertel ab. Rahn geht mit Schiebermütze und Pullunder durch seine Straßen, einen Stock hält er in der Hand. Rahn sagt: „Es sind so viele von uns gegangen, aber der Friedrich, das war der Feinste. Er war immer mein Stubenkamerad bei Länderspielen. Das sind schöne Erinnerungen, das tut heute sehr weh. Zu meiner Frau hab' ich gesagt: ‚Jetzt, wo der Friedrich tot ist, schaff' ich das auch nicht mehr. Ich bin nämlich gar nicht so ein harter Hund, wie alle meinen, sondern manchmal ganz weich.' Und irgendwann sagt Rahn: ‚So, jetzt isses nach eins, meine Frau wartet mit dem Essen. Also Schluss jetzt.'"

Die Saison 1959/60

14

Hamburger SV – 1. FC Köln 3:2 (0:0), Endspiel um die Deutsche Meisterschaft, Frankfurter Waldstadion, 25. Juni 1960, 71.000 Zuschauer

„Ich spürte die graue Luft, die über dem von 80.000 Zuschauern besetzen Kessel hing, wie körperlichen Schmerz", erinnert sich Hans Schäfer an das Endspiel 1960, das wie in vielen Jahren zuvor wieder zu einer Hitzeschlacht wurde.

Kölns Stürmer Christian Müller hämmert den Ball nach einer Hereingabe von Schnellinger in der 86. Minute zum 2:2 unter die Latte. Hamburgs Torhüter Horst Schnoor ist chancenlos. Als alle sich bereits auf die Verlängerung einstellten, gelingt Uwe Seeler zwei Minuten vor Schluss der Siegtreffer für die Hanseaten.

Kölns erste Endspielteilnahme endete glücklos, trotzdem wurde die Mannschaft bei ihrer Heimkehr gefeiert: „Staatskarossen aus dem Rosenmontagszug warten auf den Bahnhof. Als die Kapelle ‚Behüt Dich Gott, es wär so schön gewesen, behüt Dich Gott, es hat nicht sollen sein', anstimmt, verstummt für Augenblicke der Karnevalstrubel. Doch rasch kehrt die frohe Stimmung zurück", beschreibt der Journalist Gerd Krämer die Stimmung in der Domstadt.

1

1. FC Köln – FC Schalke 04 2:3 (1:3), 21. Februar 1954, 51.000 Zuschauer

Georg „Schorsch" Stollenwerk stürmt an Verteidiger Werner Kretschmann vorbei. In seiner ersten Saison konnte sich „der Buur aus Düren" gleich einen Stammplatz in der Kölner Elf erspielen.

Georg Stollenwerk – Der Allrounder aus Düren

Das Gespräch führte Elmar Wigand

Was hätten Sie gemacht, wenn Sie nicht Fußballspieler geworden wären?

Ich komme aus Düren und ging dort auf das naturwissenschaftliche Gymnasium. Meine Eltern hatten eine gut gehende traditionsreiche Gaststätte, Zur Glockenschänke, dort verkehrten die Jäger aus der Umgebung. Wir waren aber im Krieg ausgebombt. Als Gastronom fand mein Vater keine Anstellung. 1948 nach der Währungsreform – das Geld aus dem Lastenausgleich war bis dahin verlebt – stellten meine Eltern uns Kinder vor die Frage, wer von der Schule abgehen würde, um Geld zu verdienen. Wir waren zu dritt auf weiterführenden Schulen und das kostete damals ja nicht wenig Schulgeld. Weil ich bei Düren 99 schon in der A-Jugend spielte und auch schon in der ersten Mannschaft ausgeholfen hatte, erklärte ich mich bereit, abzugehen. Ich habe eine kaufmännische Lehre in einer Blechwarenfabrik gemacht, Heinrich Schwedhelm, die stellten Fleischerei- und Kochanlagen, Teeröfen, Asphaltöfen und sowas her. Nach der Lehre bin ich 1951 noch ein Jahr dort geblieben und direkt mit der Buchführung betraut worden. Mein Chef war selbst Fußballer, er war Torwart bei Düren 99, als der Verein 1936 durch eine Fusion entstanden ist.

Was ich in Ihrer Biografie erstaunlich finde ist, dass Sie nicht erst beim 1. FC Köln Nationalspieler wurden sondern schon vorher.

1949 bin ich in die erste Mannschaft von Düren 99 gekommen. 1952 wurde Deutschland zum ersten Mal wieder zu Olympischen Spielen in Helsinki zugelassen. Sepp Herberger baute damals eine Nationalmannschaft der Amateure auf. Er hat mich entdeckt, als der so genannte Herberger-Lehrgang einmal gegen Düren 99 gespielt hat. An der Sporthochschule Köln wurden damals die Fußball-Lehrer in zwei Semestern ausgebildet. Die spielten immer unter der Woche Freundschaftsspiele gegen Vereine in der Umgebung. Da waren Paul Mebus, Herbert Burdenski und wie sie alle hießen. Da muss ich aufgefallen sein. Ich wurde zum nächsten Amateurlehrgang nach Duisburg einberufen. Mein erstes Länderspiel in der Amateurnationalmannschaft habe ich im Dezember 1951 in Essen gegen Luxemburg gemacht und auch ein Tor geschossen. Nach den olympischen Spielen kamen 1952 noch zwei Länderspiele. Dann rief Fritz Walter mich an und sagte „Schorsch, ich hab gehört, Sie wechseln?" Ich sagte „Fritz, ich wechsle erst zum Sommer 1953, ich hab bei Düren 99 so lange zugesagt". Fritz Walter erzählte mir, dass „der Chef" ihn angewiesen hatte, dafür zu sorgen, dass ich nach Kaiserslautern käme. Herberger hatte immer das Bestreben, „Blöcke" aus einzelnen Verein in der Nationalmannschaft zu formen. Kaiserslautern war damals mit vier Leuten bestückt: Eckel, Liebrich, Fritz und Ottmar Walter. Halbrechts – auf meiner damaligen Position – fehlte denen einer. Ich sagte: „Fritz, ich geh soweit nicht weg. Wenn ich im nächsten Jahr wechsle, dann gehe ich nach Köln."

Es war also nicht der FC-Präsident Franz Kremer, der Sie gelockt hat. Sie wollten einfach nicht wegziehen?

Doch, der 1. FC Köln hat durch Jupp Schmitz gelockt, den damaligen Geschäftsführer. Der erschien schon 1951 jeden Monat bei meiner Mutter und brachte ihr ein Tütchen Kamellen mit. Damit

2
Hamburger SV – 1. FC Köln 1:3 n.V. (0:0, 1:1), DFB-Pokal Halbfinale, 13. Dezember 1953, 35.000 Zuschauer

Stollenwerk steigt zum Kopfball hoch, neben ihm Hans Schäfer, Jupp Posipal und Hamburgs Torhüter Horst Schnorr. Durch zwei Tore brachte Stollenwerk den 1. FC in das erste Finale der Vereinsgeschichte, das man allerdings gegen den VfB Stuttgart mit 0:1 nach Verlängerung verlor.

hat er sie geködert. Die meinte immer: „Das ist ein feiner Mann, der Jupp Schmitz". Er war so ein kleiner, unheimlich drahtiger Typ. „Du gehst nach Köln, Junge", sagte meine Mutter. Ich habe ihr zwar erwidert, das müsse sie schon mir überlassen, bin dann aber doch zum FC gewechselt. Als ich dem Herberger später, kurz vor Toresschluss, mitteilte, dass ich nach Köln wechseln würde, da stand neben ihm der Journalist Körfer vom Sportinformationsdienst aus Düsseldorf, der auch Spielausschuss-Obmann beim DFB war. Er sagte wörtlich zu mir: „Du bleibst auch besser Amateur-Nationalspieler!" Damit wusste ich, dass ich für die WM 1954 keine Chance mehr hatte. Ich bin regelrecht abgestraft worden. Ich habe da nie eine große Sache draus gemacht. Ich erzähle das jetzt nur, weil es über 50 Jahre her ist.

Haben Sie es bereut, dass Sie bei der WM 1954 nicht dabei sein konnten?

(Er stockt kurz.) Nein, eigentlich nicht. Da habe ich keine Notwendigkeit zu gesehen, weil ich in Köln sehr gut angenommen wurde. Schon bei den ersten Spielen. Unser zweites Spiel in der Oberliga West hatten wir auswärts gegen Bayer Leverkusen. Wir führten 3:1 und ich hatte alle drei Tore geschossen. Es ging dann 3:3 aus. Von dem Zeitpunkt an war ich integriert, es kam die Anerkennung in der Mannschaft und ich wurde sofort zum Stammspieler. Sie nannten mich immer „der Buur [Bauer] aus Düren" und Hennes Weisweiler war „der Buur aus Lechenich". So wurde ich von den Kölnern tituliert. Es gab ein Spiel, da hat mich Hans Schäfer richtig zur Sau gemacht, weil ich ihn nicht angespielt, sondern einen anderen Weg gesucht hatte. Da bin ich zu ihm hin: „Weißte was Hans, noch ein Wort zu mir in diesem Ton und ich gehe vom Platz. Dann müsst ihr zu Zehnt weiter spielen und Du kannst mal gucken, was deine 40.000 Zuschauer dann sagen." Das hätte in den Medien einen Aufruhr gegeben. Da wurde der ganz kusch und hat mich nie mehr so behandelt. Man musste sich eben auch gegen die routinierten Spieler auf dem Platz durchsetzen.

Dem 1. FC wurde besonders seitens der Konkurrenz aus dem Ruhrgebiet eine gewisse Hochnäsigkeit nachgesagt. Gab es eine „Kölner Arroganz"?

Wir waren nicht hochnäsig. Die waren neidisch. Von den Wettkampf- und Trainingsbedingungen her war der FC mit allem Komfort eingerichtet. Die Umkleideräume waren Extraklasse, das Clubhaus wurde 1952 eingeweiht. Wir hatten damals schon drei Trainingsplätze und eine Turnhalle, wo wir bei schlechtem Wetter trainieren konnten. Wir hatten zwei Zeugwarte, einen Physiotherapeuten, einen Masseur, der nur für den 1. FC Köln arbeitete. Das hing mit der Vereinsführung zusammen. Durch Franz Kremer war der Verein den anderen weit, weit voraus. Er war von seiner Art her ein ganz anderer Vorsitzender war als die übrigen, die eher aus dem Fußballer-Lager kam, selbst Fußballer gewesen oder sehr mit dem Fußball verwachsen waren. Kremer war ein Mann, der über diesen Dingen stand. Er hat auch nie bei Spielersitzungen in sportliche Belange reingeredet. Der Trainer konnte arbeiten. Wenn Kremer allerdings merkte, dass es innerhalb der Mannschaft einen Knackpunkt gab, dann hat er auf den Tisch geschlagen und zur Ordnung gerufen. Das wurde damals auch befolgt. Franz Kremer war so eingestellt, wenn wir Auswärtsspiele hatten, Pokalspiele in Bremen oder München, dann sind wir in den besten Hotels abgestiegen. Und wir waren ja eine Truppe, die mehr oder weniger vom Land kam. Uns fehlten die feinen Manieren. Wir konnten mit Messer und Gabel essen, aber darüber hinaus war nicht viel. Und das hat Kremer uns beigebracht. Er hat sich um jeden einzelnen Spieler gekümmert, hat seine Fehler analysiert, nicht nur fußballerisch, auch

1. FC Köln, Westmeister 1954

Sechs Jahre nach der Fusion feierte sich der 1. FC Köln zum ersten Mal als Westmeister (v.li): Franz Kremer, Trainer Karl Winkler, Frans de Munck, unbekannt, Berthold Nordmann, Georg Stollenwerk, Jupp Röhrig, Benno Hartmann, Walter Müller. (kniend) Stefan Langen, Hans Schäfer, Hans Graf, Paul Mebus, Herbert Dörner und Geißbock „Hennes".

im Auftreten. Wenn wir ein Abendessen im Clubhaus hatten, hat er schon mal gesagt: „Die Gabel musst Du aber anders halten." Er hat für ein gewisses Niveau innerhalb der Mannschaft gesorgt. Das ist ihm hoch anzurechnen. Und das ist auch ein Grund, warum der FC jahrelang positiv im Blickpunkt stand.

Konnte man beim FC mehr Geld verdienen als bei anderen Vereinen?

Wir haben 1953 das Pokal-Halbfinale beim HSV mit 3:1 gewonnen, da bekamen wir 600,- DM Prämie. Das durfte man keinem sagen. Ein Vertragsspieler durfte damals ja nur 320,- DM verdienen. Leider haben wir dann das Finale gegen den VfB Stuttgart mit 0:1 nach Verlängerung verloren. In der regulären Spielzeit verschoß Herbert Dörner sogar einen Elfmeter. Das war unsere Chance auf den ersten Titel. Trotzdem trieb Franz Kremer den Verein mit seinen guten Kontakten zum Kaufhof und zur Kaufhalle weiter voran. Man musste ja als Fußballer eine Beschäftigung nachweisen, sonst bekam man gar nicht die Lizenz. Daher waren viele von uns mit der zweiten Lohnsteuerkarte in der Kaufhalle beschäftigt. So hat man das umgangen. Kremer hatte die Vorstellung, eine Mannschaft aufzustellen, die aus der näheren Umgebung kam, die sich zum 1. FC Köln hingezogen fühlte, bzw. zu Köln überhaupt. Spieler wie Jupp Röhrig, Schäfer, Graf, Thielen, Overath, Weber, Schnellinger auch später Cullmann, die kamen alle aus der näheren Umgebung Kölns. Und dazu hat er die Vision gehabt: Du musst einen Zuschauer-Magneten dahin bringen. Das war im Anfang der holländische Keeper Frans de Munck, nachher der Tschik Cajkovski. Das waren die ersten Ausländer, die in Köln spielten. Heute haben wir beim 1. FC Köln von 24 Leuten 15 Ausländer.

Und kaum Magneten darunter...

Genau. Fast nur Durchschnitt. Wir mussten allerdings damals für den Cajkovski mitspielen, weil der nie eine Deckungsaufgabe übernommen hat. Der spielte im WM-System den rechten Läufer, also hinter mir, ich war noch Halbrechter. Und wenn der seinen Mann nicht halten konnte, rief der immer: „Schorsch komm zurück, übernimm!" Der war ein Offensivmann. Die Defensive interessierte den gar nicht. Es gibt ja so Spielertypen, die in der Deckungsarbeit auch im Denken nicht schnell genug waren.

4
Deutschland – Spanien 2:0, Freundschaftsspiel, Frankfurter Waldstadion, 19. März 1958

Georg Stollenwerk, Hans Schäfer, Horst Szymaniak (im Hintergrund) und Erich Juskowiak nach dem Vorbereitungsspiel zur WM 1958. Sein erstes A-Länderspiel 1951 bestritt „Allrounder" Stollenwerk noch als halbrechter Stürmer, bei der WM in Schweden 1958 bestritt er alle sechs Partien als rechter Verteidiger. Zudem war er als Ersatzkeeper eingeplant, sollte sich der Torwart während des Spiels verletzen.

Welche besonderen Vereinsrivalitäten sind Ihnen in Erinnerung geblieben?

Zu den Vereinen eigentlich keine besonderen. Das gab es höchstens zwischen einzelnen Spielern. In der Umgebung gab es Fortuna Düsseldorf, Leverkusen und Aachen. In Köln selbst war Preußen Dellbrück unser Rivale, ein rechtsrheinischer Verein. Die sind später zu Viktoria Köln fusioniert und da hat auch der Weisweiler zeitweilig trainiert. Das waren Lokalkämpfe, die immer sehr hart waren. Hinzu kam eine Rivalität zwischen den beiden Vorsitzenden, also Franz Kremer und deren Präsidenten. Das war ein Autohändler aus Dellbrück. Die beiden harmonierten nicht, die kamen nicht zusammen. Die waren wie Zähne fletschende Hunde. Dellbrück spielte damals noch in einem Stadion am Kölner Zoo, das längst nicht mehr existiert, dann übergangsweise in der Radrennbahn direkt neben dem Müngersdorfer Stadion und später in Höhenhaus. Die konnten in Zweikämpfen hart einsteigen, während wir eher etwas sensibler waren.

Sie selbst galten als ein laufstarker Allrounder.

Ich habe am Anfang auf der Position als halbrechter Stürmer gespielt. Ich konnte aber auf allen Positionen aushelfen, wo Not am Mann war. So habe ich kaum ein Spiel verpasst. Als Hennes Weisweiler 1955 als Trainer nach Köln zurückkam, hat er mich wegen meiner Schnelligkeit als rechter Läufer in die Abwehr gestellt. Ich habe später auch als Mittelläufer gespielt und als rechter Verteidiger und bin dann auf der letzteren Position geblieben. Als rechter Verteidiger habe ich auch die WM 1958 in Schweden mitgemacht.

Gemeinsam mit Helmut Rahn, der 1959 zum 1. FC wechselte. Was für ein Spieler war der „Boss"?

Zu der Zeit war ich schon rechter Verteidiger und Rahn spielte Rechtsaußen. Er war ein gottbegnadeter Fußballer. Der stand zwar 80 Minuten da und hat sich nicht bewegt. Wir haben schon gesagt, wir holen dir eine Sense, um dich von deinen Wurzeln zu befreien. Dann hat er aber ein Spiel innerhalb von 10 Minuten entschieden. Wie zum Beispiel bei der WM 1958 gegen Jugoslawien, wo er das entscheidende 1:0 aus unmöglichem Winkel geschossen hat. Leider hat er beim Endspiel um die Deutsche Meisterschaft 1960 in Frankfurt gegen den HSV drei Bomben-Torchancen gehabt und alle versiebt. Das ging dann 2:3 verloren. Und vorher in der Endrunde hatten wir ein Spiel in Ludwigshafen, ich glaube gegen Pirmasens. Unser Trainingslager war in Edenkoben. Rahn war die ganze Woche dem Training fern geblieben und erschien erst am Donnerstag. Keiner wusste was. Als er mit einem Vereinsfunktionär zusammen doch noch kam, haben wir Alten – Hans Schäfer, Jupp Röhrig und ich – uns angeguckt und gesagt, das ist nicht tragbar. Als wir innerhalb der Mannschaft abgestimmt haben, waren wir drei die einzigen, die gegen seinen Einsatz waren.

5
1. FC Köln – Hamborn 07 4:0 (2:0), 11. Mai 1963, 7.000 Zuschauer

Am letzten Spieltag der letzte Liga-Einsatz im Kölner Trikot. Beginn der Bundesliga trainierte Stollenwerk die B-Mannschaft des 1. FC Köln, die sog. Stollenwerk-Elf, und lief nur noch bei zwei Europacup-Spielen für den FC auf.

Alle anderen, wie die jungen Karl-Heinz Schnellinger und Leo Wilden, waren dafür. Ihre Begründung: Der kann ruhig die ganze Woche versacken, der macht das entscheidende Tor. Wir sind natürlich aus der Haut gefahren, aber tatsächlich hat er das 1:0 geschossen. Das Spiel ging 1:1 aus, und wir standen im Endspiel.

Das der FC dann gegen den Hamburger SV mit 2:3 verloren hat...

Damals hat auch Franz Kremer den Fehler gemacht, sich einzumischen. Er hat dem Trainer gesagt: Im Endspiel gegen den HSV müssen unsere Nationalspieler antreten. Ich war vier Wochen zuvor am Blinddarm operiert worden, ich habe zwar voll trainiert, aber wir hatten in Frankfurt Temperaturen von 32 Grad im Schatten. Ich habe zum Ende verständlicher Weise abgebaut. Hans Schäfer war im Vorfeld ebenfalls verletzt gewesen. So nahm es seinen Lauf. Wir gingen 1:0 in Führung und waren noch im Jubeltaumel, da pfiff der Schiedsrichter an, Steilpass zu Uwe Seeler, 1:1. Ich habe gegen den Charly Dörfel gespielt. Er hat mich ein paar Mal nass gemacht und in der 75. Minute auch ein Tor geschossen. Das war auch ein Giftzwerg als Spieler, noch kleiner als ich und das will schon was heißen, bei meinen 1,69 Meter komma fünf.

Warum sind Sie in der Bundesliga nicht mehr zum Einsatz gekommen?

Weil ich Trainer wurde. Zu Bundesliga-Beginn hat Franz Kremer eine B-Mannschaft des FC gegründet. Das war die so genannte Stollenwerk-Elf, nach mir benannt. Dort wurden die Leute an die erste Elf heran geführt, Rekonvaleszenten und Leute, die noch nicht spielberechtigt waren. Die Stollenwerk-Elf war ein weiteres Aushängeschild des FC. Wir wurden über die Dörfer geschickt wurden, um gegen umliegende Vereine zu spielen. Wenn Franz Kremer 1967 nicht gestorben wäre, wäre ich aus Köln nicht weg gegangen, sondern wahrscheinlich Trainer der ersten Mannschaft geworden. Aber so sah ich keine Perspektive und bin 1969 Trainer von Alemannia Aachen geworden. 1976 bin ich nur kurz als Trainer zum FC zurück gekehrt, um für Hennes Weisweiler den Platz frei zu halten, der damals noch den FC Barcelona trainierte, dort aber weg wollte.

Georg Stollenwerk

Am 19. Dezember 1930 in Düren geboren; ab 1948 für Düren 99, von 1953 bis 1963 für den 1. FC Köln. 239 Spiele in der Oberliga West, 41 Tore. DFB-Pokalfinalist 1954, Deutscher Vize-Meister 1960, Deutscher Meister 1962. 23 Länderspiele, Amateur-Nationalspieler bei den Olympischen Spielen 1952 in Helsinki, Teilnehmer der WM 1958. Bereits sein Vater, Georg Stollenwerk Senior, war Spieler für „Jugend Düren" und stand in den 1920er Jahren sieben Mal als Mittelstürmer in der Westdeutschen Auswahl.

1

1. FC Nürnberg – BV Borussia Dortmund 3:0 (2:0), Endspiel um die Deutsche Meisterschaft, Niedersachsenstadion, Hannover, 24. Juni 1961, 82.000 Zuschauer

Die Erwartungen an das 50. Endspiel um die Deutsche Meisterschaft waren hoch: Die Dortmunder Routiniers, bei denen mit Kwiatkowski, Burgsmüller, Peters und Kelbassa noch vier Spieler aus den Endspielen 1956 und 1957 standen, galten gegenüber dem 1. FC Nürnberg als Favorit.

Am Tag des Finales zeigte sich der BVB jedoch von seiner ganz schwachen Seite. „So geht dieses Endspiel in die Geschichte ein als eines der an Dramatik, an Spannung ärmsten, auch als eines der eindeutigsten", resümierte der „Kicker". Völlig verdient siegten die Franken um Kapitän Max Morlock mit 3:0.

Nürnberg jubelt, der BVB ist konsterniert (v.li.): Josef Zenger, Sully Peters, Heinz Strehl (9), Aki Schmidt (8), Lothar Geissler (5) und Kurt Haseneder.

Die Torjäger der Saison 1960/61

Jürgen Schütz (BV Borussia Dortmund)	**27**
Willi Bergstein (Alemannia Aachen)	**25**
Ulrich Kohn (Borussia Mönchengladbach)	**21**
Hans Schäfer (1. FC Köln)	**20**
Friedhelm Konietzka (BV Borussia Dortmund)	**19**

Die Saison 1960/61

OBERLIGA WEST 1960/61	1. FC Köln	Bor. Dortmund	FC Schalke 04	RW Oberhausen	Westfalia Herne	Bor. M'gladbach	Hamborn 07	Alem. Aachen	Preußen Münster	Viktoria Köln	Meidericher SV	TSV Marl-Hüls	Duisburger SV	SV Sodingen	RW Essen	VfL Bochum	Tore	Punkte
1. 1. FC Köln (M)	•	2:3	3:3	0:1	4:2	4:1	4:0	2:1	4:1	2:0	3:0	6:2	6:0	1:0	6:1	1:0	79:33	42:18
2. Bor. Dortmund	3:3	•	0:0	2:0	2:0	1:1	5:0	2:2	2:0	4:1	4:3	2:0	7:0	2:3	6:4	1:0	70:46	39:21
3. FC Schalke 04	2:0	2:2	•	3:0	1:1	2:4	3:1	2:1	0:2	3:0	0:0	1:2	7:0	1:0	2:2	1:2	59:40	35:25
4. RW Oberhausen	0:0	3:1	1:1	•	2:2	1:0	2:0	4:1	1:1	3:3	2:1	2:0	0:0	4:0	0:0	1:0	48:36	35:25
5. Westfalia Herne	1:1	3:2	1:3	1:3	•	1:1	0:1	2:0	4:1	5:3	4:0	7:3	1:1	1:0	5:1	2:1	60:47	34:26
6. Bor. M'gladbach	2:3	2:3	4:3	2:1	5:3	•	1:3	3:2	4:3	3:0	3:0	3:0	2:0	4:2	2:2	0:0	58:58	31:29
7. Hamborn 07	1:0	1:1	0:2	3:2	2:1	0:2	•	2:2	1:2	3:2	0:0	4:0	1:1	4:2	0:0	2:0	46:48	31:29
8. Alem. Aachen	0:3	2:0	2:2	4:3	0:2	5:2	5:3	•	0:1	3:0	2:1	0:2	3:0	4:3	1:0	4:0	61:61	29:31
9. Preußen Münster	0:3	1:1	3:3	2:2	0:2	0:0	1:0	2:2	•	2:0	2:1	1:1	0:1	2:0	3:0	4:1	41:50	27:33
10. Viktoria Köln	0:3	2:1	2:2	1:0	1:1	4:3	2:0	4:6	3:1	•	1:4	3:0	3:2	1:1	1:0	2:3	49:62	27:33
11. Meidericher SV	2:1	3:0	4:4	1:1	1:2	1:1	2:2	0:0	2:1	1:3	•	5:2	0:1	6:0	1:0	2:0	47:48	26:34
12. TSV Marl-Hüls (N)	1:1	1:1	0:0	0:2	2:4	3:1	0:2	4:2	2:1	1:2	2:1	•	1:5	5:1	0:0	3:1	41:61	26:34
13. Duisburger SV	2:6	1:3	0:0	3:3	1:1	1:1	2:2	2:0	2:0	2:2	3:1	0:1	•	2:1	1:0	3:3	40:67	26:34
14. SV Sodingen (N)	1:1	1:1	2:1	2:1	1:1	5:1	3:2	6:2	2:3	1:0	0:0	0:0	5:3	•	2:0	1:2	47:58	25:35
15. RW Essen*	2:0	2:3	0:2	0:0	1:0	2:0	0:2	2:1	3:0	1:3	2:2	1:0	3:0	1:1	•	1:1	32:46	24:36
16. VfL Bochum*	1:6	3:5	1:3	2:3	3:0	3:0	1:4	2:4	3:1	1:0	2:2	2:3	4:1	2:1	1:1	•	45:62	23:37

2
Viktoria Köln – 1. FC Köln 0:3 (0:0), 25. September 1960, 28.000 Zuschauer

Derby in Köln. Viktoria, zu der Zeit trainiert von Hennes Weisweiler, kann dem großen Konkurrenten auf dem Weg zur Westmeisterschaft jedoch kein Bein stellen.

Der spätere Italien-Legionär Karl-Heinz Schnellinger mit einer perfekten Grätsche gegen Karl-Heinz Rühl.

3
Borussia Mönchengladbach – Glasgow Rangers 0:3 (0:2), Europacup der Pokalsieger, Düsseldorfer Rheinstadion, 15. November 1960, 45.000 Zuschauer

Sensationell gewann Borussia „München Gladbach" (erst ab Januar 1961 hieß es offiziell „Mönchengladbach") im Oktober 1960 den DFB-Pokal, nachdem man höher eingeschätzte Mannschaften wie den HSV, Borussia Dortmund, 1. FC Köln und im Finale den Karlsruher SC ausgeschaltet hatte.

Im Europapokal erwiesen sich die Glasgow Rangers jedoch als eine Nummer zu groß. Nach der 0:3-Heimniederlage ging man im Ibrox Park mit 7:0 unter. Gladbachs Albert Brülls (re.), der erste Nationalspieler des Vereins, bei der Wimpelübergabe.

4
**Rot-Weiß Oberhausen – Alemannia Aachen 4:1 (1:0),
20. November 1960, 12.500 Zuschauer**

Die Kleeblätter spielten ihre beste Saison seit langem und blieben zu Hause ungeschlagen. Es jubeln Helmut Kowalski (7), Otto Marquardt (9), Günter Dait, Jürgen Sundermann (6), Hans Siemensmeyer (10) und „Tutti" van Üüm (8).

Im Hintergrund ist der markante Uhrenturm der Gegengraden zu sehen, ein bis heute erhaltenes Wahrzeichen des Niederrhein-Stadions

5
**TSV Marl-Hüls – VfL Bochum 3:1 (2:1), 19. März 1961,
12.000 Zuschauer**

Ein letztes Auflodern des alten „Pütt-Fußballs": Unterstützt von der Zeche „Auguste Victoria" zogen die „Blauen Funken" aus dem Stadtteil Hüls – der Zusatz des Marler Stadtnamens war einem städtischen Darlehn von 30.000 DM geschuldet – 1960 in die Oberliga West auf.

Defensivspezialist Günther Peters beobachtet von den skeptischen Blicken der Zuschauer.

6
SV Sodingen – TSV Marl-Hüls 0:0, 2. Oktober 1960, 7.000 Zuschauer

Der SV Sodingen kehrte nach seinem Abstieg postwendend in die Oberliga zurück. Aber der Erfolg der alten Tage blieb in weiter Ferne:

„Als wir 1960 ein Jahr nach dem Abstieg noch einmal die Rückkehr in die Oberliga schafften, standen mit Hännes Adamik, Leo Konopczynski und mir noch drei Spieler in der Elf, die schon 1948 in der Bezirksliga für den SVS gekickt hatten. Aber wir waren auch nicht jünger geworden", erinnert sich Torhüter Alfred Schmidt an das letzte Aufbäumen des Vereins, der später in den Amateurligen verschwand.

7
**Rot-Weiss Essen – BV Borussia Dortmund 2:3 (1:2),
11. September 1960, 25.000 Zuschauer**

Freier Flug an der Hafenstraße: Heinz „Heini" Kwiatkowski gehörte von 1947 bis 1963 zum festen Inventar der Oberliga West und stand in 409 Oberliga-Spielen zwischen den Pfosten. Eine Rekordmarke für den Westen. Seine Vereine: Schalke 04 (1947-1950), RW Essen (1950-52) und Borussia Dortmund (1952-1963).

Rot-Weiss dagegen musste nach einer katastrophalen Saison den bitteren Gang in die 2. Liga West antreten.

8
**Rot-Weiß Oberhausen – BV Borussia Dortmund 3:1 (1:1),
1. Januar 1961, 12.000 Zuschauer**

Zusammenprall am Neujahrstag: Jockel Bracht, Karl-Heinz Feldkamp, Alfred Kelbassa und Karl-Otto Marquardt.

Feldkamp war in der Oberliga West wegen seiner harten Gangart gefürchtet. Als ihm der Dortmunder Friedhelm Konietzka vor dem Nachholspiel am Neujahrstag 1961 „ein frohes neues Jahr" wünschte, soll der Verteidiger schlagfertig geantwortet haben: „Moment mal, Junge. Jetzt kriegst du erst einmal eineinhalb Stunden die Knochen poliert, und dann können wir über Neujahrswünsche sprechen."

9
BV Borussia Dortmund – 1. FC Saarbrücken 2:2 (0:2), Endrunde um die Deutsche Meisterschaft, 3. Juni 1961, 35.000 Zuschauer

„Fan-Ausschreitungen" in der Roten Erde.

10
BV Borussia Dortmund im Trainingslager, Juni 1961

Willi Burgsmüller, Rolf Thiemann, Heinz Kwiatkowski, Lothar Geisler, Alfred Kelbassa und Dieter Kurrat beim Studium der Sportpresse vor dem Endspiel gegen den 1. FC Nürnberg.

Hamburger SV – BV Borussia Dortmund 2:5 (1:1), Endrunde um die Deutsche Meisterschaft, 20. Mai 1961, 67.000 Zuschauer

Ballett ohne Ball: Lothar Geisler, Dieter „Hoppy" Kurrat, Uwe Seeler und Rolf Thiemann.

Der amtierende Meister HSV wurde seiner Rolle als Lieblingsgegner der Borussia wieder gerecht. In Dortmund gewann der BVB sogar mit 7:2 und konnte sich aufgrund des besseren Torquotienten gegenüber Eintracht Frankfurt für das Finale qualifizieren.

1

1. FC Köln – 1. FC Nürnberg 4:0 (2:0), Endspiel um die Deutsche Meisterschaft, Olympiastadion, Berlin, 12. Mai 1962, 82.000 Zuschauer

Der 1. FC Köln endlich am Ziel: Deutscher Meister 1962. Mit ihrem professionellen Management war „das deutsche Real Madrid", so genannt wegen der hohen Ambitionen Franz Kremers und den bevorzugten weißen Trikots der Domstädter, eine Ausnahme in der Oberliga West.

„Der neue Weg jedoch, den der 1. FC Köln beschritten hat, stellt in zwangsläufiger Dynamik die Aufgaben dar, die dem modernen Großverein im Vertragsfußball erwachsen", heißt es in der Jubiläumsschrift „60 Jahre 1. FC Köln" von 1961 und sogar vom „1. FC Köln – ein Avantgardist" und vom „revolutionären Element, das in der Kölner Seele verborgen schlummert", ist dort die Rede.

Der Titelträger 1962 (v.li.): Karl-Heinz Schnellinger, Christian Breuer, Matthias Hemmersbach, Ernst-Günter Habig, Hans Schäfer, Fritz Ewert, Hans Sturm, Trainer Tschik Cajkovski, Fritz Pott, Christian Müller, Leo Wilden und Karl-Heinz Thielen.

Die Torjäger der Saison 1961/62

Manfred Rummel (ETB Schwarz-Weiß Essen)	26
Karl-Heinz Thielen (1. FC Köln)	25
Jürgen Schütz (BV Borussia Dortmund)	20
Willi Bergstein (Alemannia Aachen)	20
Christian Müller (1. FC Köln)	17

Die Saison 1961/62

Die Saison 1961/62

OBERLIGA WEST 1961/62	1. FC Köln	FC Schalke 04	RW Oberhausen	ETB SW Essen	Meidericher SV	Westfalia Herne	Preußen Münster	Bor. Dortmund	Fort. Düsseldorf	Viktoria Köln	Alem. Aachen	Hamborn 07	Bor. M'gladbach	TSV Marl-Hüls	SV Sodingen	Duisburger SV	Tore	Punkte
1. 1. FC Köln (M)	•	0:1	3:2	2:0	3:0	4:2	4:4	0:0	5:0	5:0	5:3	2:1	3:0	6:1	5:3	2:2	89:40	44:16
2. FC Schalke 04	2:1	•	0:2	3:0	0:0	2:1	1:5	5:3	3:1	2:1	2:2	3:1	3:0	2:2	1:2	3:1	68:40	43:17
3. RW Oberhausen	4:1	1:2	•	4:1	0:0	2:1	0:0	1:1	2:2	3:2	1:1	1:0	1:0	4:2	2:1	3:0	53:37	40:20
4. ETB SW Essen (N)	2:2	1:1	3:1	•	1:1	5:1	2:0	1:1	3:1	3:0	2:2	2:0	4:0	5:0	3:1	1:1	64:39	38:22
5. Meidericher SV	0:1	0:0	2:1	1:1	•	1:5	2:2	2:0	3:2	2:4	1:0	0:2	3:0	3:1	5:1	5:0	50:37	35:25
6. Westfalia Herne	2:1	3:2	3:1	2:2	0:2	•	0:0	4:0	3:2	3:2	2:1	4:0	1:0	4:0	1:1	3:1	58:45	34:26
7. Preußen Münster	1:0	0:3	1:1	2:2	0:3	0:0	•	1:2	4:1	3:2	3:1	6:0	3:0	1:1	3:1	2:0	60:47	34:26
8. Bor. Dortmund	0:4	2:2	1:2	2:1	5:2	3:2	2:2	•	3:1	5:0	4:1	10:3	3:1	5:0	1:1	6:2	67:51	32:28
9. Fort. Düsseldorf (N)	4:1	1:2	2:3	3:0	0:2	2:0	2:2	2:1	•	4:0	3:0	1:1	1:1	1:0	0:0	3:1	57:50	32:28
10. Viktoria Köln	0:4	1:3	1:2	1:6	3:2	3:0	2:4	3:1	2:0	•	1:1	3:0	4:2	1:1	3:2	7:2	62:72	29:31
11. Alem. Aachen	2:4	2:2	1:1	1:1	1:1	0:0	3:3	2:2	1:2	1:2	•	3:1	0:3	4:3	3:1	4:1	50:56	27:33
12. Hamborn 07	0:2	0:4	1:2	0:1	2:4	2:2	1:1	1:0	2:4	3:3	1:3	•	3:2	2:1	1:0	3:0	38:68	22:38
13. Bor. M'gladbach	1:6	2:3	0:1	0:3	1:1	2:1	4:0	0:0	2:3	5:1	2:0	0:1	•	3:1	3:1	4:0	42:57	21:39
14. TSV Marl-Hüls	2:5	1:8	3:2	3:3	1:0	3:1	3:2	3:4	3:3	2:4	0:1	1:1	5:1	•	1:2	4:1	52:82	21:39
15. SV Sodingen*	1:5	1:2	1:1	1:1	0:0	0:2	2:0	1:0	0:3	1:3	1:2	1:1	1:0	2:3	•	0:0	31:57	18:42
16. Duisburger SV*	0:3	3:1	1:2	2:4	0:2	1:5	2:5	1:0	0:3	0:3	1:4	2:4	0:3	1:1	2:1	•	28:91	10:50

2
Franz Kremer und Ziegenbock Hennes, Dezember 1961

Franz Kremer, der „Boss" des 1. FC Köln, erreichte 1962 zwei Lebensziele: die erste Deutsche Meisterschaft mit dem FC und der Beschluss zur Einführung der Bundesliga.

Mit der Meisterschaft erfüllte Kremer auch eine Art Versprechen, das er schon vor der Gründung des 1. FC Köln 1948 gegenüber Spielern und Sponsoren leistete. Damals ging er hausieren mit der Frage: „Wollen Sie mit mir Deutscher Meister werden?"

3
ETB Schwarz-Weiß Essen – SC Westfalia Herne 5:1 (1:1), 24. März 1962, 23.000 Zuschauer

Viel Freude Am Uhlenkrug: Schwarz-Weiß eine Klasse besser als der Lokalrivale Rot-Weiss und nach einer hervorragenden Saison mit dem vierten Platz in der Oberliga West belohnt.

Horst Trimhold jubelt, während Nationaltorhüter Hans Tilkowski eher ratlos blickt und Verteidiger Kurt Gehlisch den Ball aus dem Tor holt.

4

TSV Marl-Hüls – Viktoria Köln 2:4 (1:1), 5. November 1961, 5.000 Zuschauer

Leere Ränge in Hüls. Die Oberliga West befand sich in einer Krise. Die Funktionäre in den Vereinen und Verbänden tendierten zur lange geforderten Bundesliga, auch wenn Kritiker wie Oberhausens Peter Maaßen den Verlust der „Liga-Volkstümlichkeit" anmahnten.

Ein Schuss von Siggi Burkhardt streicht knapp an dem Gehäuse vorbei. Horst Nussbaum, Werner Maes und Torhüter Günther Klemm schauen dem Ball hinterher.

Viktorias Außenläufer Horst Nussbaum machte später außerhalb des Fußballplatzes Karriere: Unter dem Künstlernamen „Jack White" konnte er bis heute als Produzent und Sänger rund 500 Millionen verkaufte Tonträger verbuchen.

5

Duisburger SV – BV Borussia Dortmund 1:0 (0:0), 20. August 1961, 7.000 Zuschauer

Leere Ränge in Duisburg. Das Saisonauftaktspiel gegen „Borussia" hätte in früheren Tagen über 20.000 Zuschauer gezogen. Lothar Emmerich bei einer Flanke, bedrängt von den Verteidigern Wilhelm Schöl und Manfred Wacker (re.).

Für den Duisburger Spielverein begann ein tiefer Fall. Mit nur zwei Siegen – ausgerechnet gegen Dortmund und Schalke! – verabschiedete man sich chancenlos aus der Oberliga. Zwei Jahre später beendete die Fusion mit TuS Duisburg 48/99 zu Eintracht Duisburg die eigenständige Vereinsgeschichte.

6

**TSV Marl-Hüls – BV Borussia Dortmund 3:4 (3:1),
10. März 1962, 9.000 Zuschauer**

Dortmunds Willi Burgsmüller mit seinem Marler Gegenspieler Karl-Heinz „Heino" Sell. Auch im Jahnstadion machte sich die Krise der Oberliga bemerkbar. Die Zuschauerzahlen gingen stetig zurück, und die Stadt hatte schwer mit der einsetzenden Zechenkrise zu kämpfen. Gelang 1962 noch der Klassenerhalt, ereilte den TSV im letzten Oberliga-Jahr ein „geplanter Abstieg".

Während in der Saison 1962/63 alle anderen Vereine auf die fünf Bundesligaplätze des Westens hofften, hatten sich die Marler erst gar nicht um einen Platz beworben.

7
Duisburger SV – FC Schalke 04 3:1 (2:0), 30. Dezember 1961, 8.000 Zuchauer

Schiedsrichter Niemeyer bestimmt das Foul eines Duisburgers außerhalb des Strafraums, was bei Willi Koslowski (re.) für helles Entsetzen sorgt. Die Duisburger Bernd Mai, Manfred Wacker und Hermann Koppmann sehen das wohl anders.

8
Hennes Weisweiler, April 1962

Weisweiler begann seine Karriere als Spielertrainer beim 1. FC Köln (1948-52), stieg danach mit dem Rheydter SV (1953-54) auf und wieder ab, kehrte zum 1. FC Köln (1955-58) zurück, um dann das Ende der Oberliga beim Lokalkonkurrenten Viktoria (1958-64) zu erleben. Von 1957 bis 1970 übernahm er als Nachfolger von Sepp Herberger die Trainerausbildung an der Sporthochschule in Köln.

Legendär sollte das Kölner Original durch sein Engagement bei Borussia Mönchengladbach (1964-75) werden, wo er die berühmte „Fohlen-Elf" formte.

9
Ernst Kuzorra und Schalkes Trainer Georg Gawliczek, Mai 1962

10
FC Schalke 04 – 1. FC Köln 2:1 (1:0), 17. März 1962, 35.000 Zuschauer

Platzarbeiten in der Glückauf-Kampfbahn.

11

1. FC Köln – 1. FC Nürnberg 4:0 (2:0), Endspiel um die Deutsche Meisterschaft, Olympiastadion, Berlin, 12. Mai 1962, 82.000 Zuschauer

Hans Schäfer ist endlich am Ziel angelangt und reckt die Schale in den Himmel. Von 1948 bis 1963 trug er in 356 Spielen der Oberliga West das Trikot der Geißböcke und galt nicht nur auf dem Platz als Kölner „Institution".

„Nebenbei" spielte Schäfer drei Weltmeisterschaften, wobei ihm allerdings die WM 1962 in Chile nicht mehr gefallen hat. „Hätte ich gewusst, dass Herberger vom Defensiv-Fieber befallen wird, wäre ich lieber in Urlaub gefahren, anstatt im fernen Chile Verteidiger zu spielen", äußerte er gegenüber einer Sportzeitung.

Die Kölner (v.li): Matthias Hemmersbach, Torhüter Fritz Ewert, Ernst-Günter Habig, Hans Schäfer, Trainer Tschik Cajkovski (verdeckt) und Hans Sturm.

1
BV Borussia Dortmund – 1. FC Köln 3:1 (2:0), Endspiel um die Deutsche Meisterschaft, Neckarstadion, Stuttgart, 29. Juni 1963, 75.000 Zuschauer

Das letzte Endspiel um die Deutsche Meisterschaft stand unter besonderen Vorzeichen: Die alten Oberligen sagten Ade und die Bundesliga stand unmittelbar vor der Tür. Nach jahrzehntelangen Diskussionen hatte der DFB-Bundestag am 28. Juli 1962 im Goldsaal der Dortmunder Westfalenhalle endlich die Einführung der Bundesliga und des Lizenzspielertums zur Saison 1963/64 beschlossen.

Im letzten richtigen Finale trafen Borussia Dortmund und der 1. FC Köln, der sich zum vierten Mal hintereinander die Krone des Westmeisters gesichert hatte, aufeinander. Der BVB galt als Außenseiter, konnte aber durch Tore von „Hoppy" Kurrat, Reinhold Wosab und Aki Schmidt den amtierenden Meister entthronen. „Die Freude über die dritte Meisterschaft war besonders groß. Es war auch eine gewisse Schadenfreude. Nicht nur Dortmund, das ganze Ruhrgebiet jubelte mit dem BVB", erklärte Helmut Bracht später.

Bernhard Wessel, Friedhelm Konietzka, Herbert Sandmann, Helmut Bracht, Lothar Geissler und Reinhold Wosab feiern ihren Kapitän Willi Burgsmüller, der sich während des Spiels eine Kopfverletzung zugezogen und mit Verband weiter gespielt hatte.

Die Torjäger der Saison 1962/63

Jürgen Schütz (BV Borussia Dortmund)	**25**
Christian Müller (1. FC Köln)	**21**
Friedhelm Konietzka (BV Borussia Dortmund)	**19**
Manfred Pohlschmidt (SC Preußen Münster)	**17**
Klaus Matischak (Viktoria Köln)	**17**

Die Saison 1962/63

OBERLIGA WEST 1962/63	1. FC Köln	Bor. Dortmund	Meidericher SV	Preußen Münster	Alem. Aachen	FC Schalke 04	ETB SW Essen	Viktoria Köln	Bayer Leverkusen	RW Oberhausen	Bor. M'gladbach	Hamborn 07	Fort. Düsseldorf	Westfalia Herne	Wuppertaler SV	TSV Marl-Hüls	Tore	Punkte
1. 1. FC Köln (DM)**	•	2:1	3:0	2:1	2:2	1:3	2:0	2:0	0:0	6:0	2:0	4:0	3:0	4:1	5:2	2:0	65:37	42:18
2. Bor. Dortmund**	2:3	•	0:1	3:1	5:3	1:0	1:1	3:1	3:1	6:0	3:1	3:1	4:1	2:1	3:0	11:1	77:39	40:20
3. Meidericher SV**	3:0	0:5	•	2:1	1:3	2:1	1:1	3:3	1:1	1:0	3:1	2:1	1:0	1:1	3:1	1:0	47:43	38:22
4. Preußen Münster**	0:0	1:0	3:1	•	2:0	0:2	1:0	3:1	1:1	1:1	3:1	0:0	3:0	3:0	2:0	4:0	51:32	37:23
5. Alem. Aachen	1:0	4:0	3:3	1:1	•	0:0	3:3	6:4	2:1	2:0	1:0	5:1	2:0	3:1	0:2	2:1	58:42	37:23
6. FC Schalke 04**	0:1	1:1	3:1	3:1	2:1	•	3:2	2:0	2:2	1:1	4:2	1:2	5:0	1:2	6:0	3:2	62:43	35:25
7. ETB SW Essen	2:2	2:1	2:2	3:1	1:1	1:2	•	3:0	1:0	1:1	4:0	3:0	2:0	1:0	1:0	1:0	44:37	33:27
8. Viktoria Köln	1:2	1:2	2:3	1:1	3:2	6:4	2:0	•	5:0	1:6	1:1	0:1	7:3	7:2	2:2	7:0	81:69	30:30
9. Bayer Leverkusen (N)	5:4	3:2	2:1	2:2	1:1	0:0	5:1	2:5	•	5:3	2:2	2:0	2:1	1:1	2:4	3:2	50:54	30:30
10. RW Oberhausen	3:1	2:3	2:0	3:3	2:1	2:2	0:2	2:3	2:0	•	1:1	2:1	2:1	0:0	3:3	3:0	49:58	29:31
11. Bor. M'gladbach	4:2	3:4	1:1	0:3	0:1	2:2	0:2	2:4	1:0	2:2	•	1:1	4:3	2:1	1:0	2:1	44:60	24:36
12. Hamborn 07	1:1	1:4	0:1	0:2	0:0	2:2	1:0	3:5	3:1	0:1	1:0	•	2:4	5:1	3:1	0:1	34:50	24:36
13. Fort. Düsseldorf	1:1	0:2	1:1	2:2	3:2	1:1	3:0	0:0	0:2	3:0	2:1	0:2	•	2:3	3:2	1:1	43:64	22:38
14. Westfalia Herne	0:1	1:2	1:2	0:2	1:3	4:2	3:2	3:3	1:2	1:0	4:4	0:1	4:1	•	3:1	1:0	43:65	21:39
15. Wuppertaler SV (N)	3:4	1:0	0:2	2:1	1:2	2:4	0:1	3:2	2:1	1:3	1:3	3:1	0:1	3:2	•	2:0	43:66	20:40
16. TSV Marl-Hüls	1:3	1:0	1:3	1:2	1:1	1:0	2:1	3:4	1:1	6:2	1:2	0:0	3:6	4:0	2:1	•	37:69	18:42

Anmerkung: ** qualifiziert für die Bundesliga. Alle anderen Vereine Regionalliga West.

2
Kurrat, Eppenhoff und Konietzka, Juni 1964

Dieter „Hoppy" Kurrat und Timo Konietzka beim „Kopfball-Training" – wohlwollend begutachtet von Trainer Hermann Eppenhoff. Ausgerechnet die Schalker Legende Hermann Eppenhoff, der wegen seiner sachlichen und jeder Zeit integeren Art von den Spielern geschätzt wurde, führte den BVB zu zwei großen Erfolgen der 1960er Jahre: der Meisterschaft 1963 und dem DFB-Pokalsieg 1965.

3
SC Preußen Münster – 1. FC Köln 0:0, 25. November 1962, 35.000 Zuschauer

Manfred Pohlschmidt versucht im Sprung, den Ball über Kölns Torhüter Fritz Ewert ins Tor zu heben. Vergebens. Preußen Sprung in die Bundesliga klappte dagegen. Josef Oevermann, der Spielausschussvorsitzende des Vereins, übte sich gegenüber der Presse in Selbstsicherheit: „Angst, dass wir nicht reinkämen? – Nie gehabt!"

4
Düsseldorfer Rheinstadion, 30. Januar 1963

In der „Bundesliga-Qualifikationssaison" brachte ein schneereicher und harter Winter den Spielplan komplett durcheinander. Im gesamten Januar 1963 konnte nur ein Spiel stattfinden. Auch die moderne Schneeräummaschine im Düsseldorfer Rheinstadion kann eine weitere Spielabsage nicht verhindern.

5
Stadion Schloss Strünkede, Herne, Februar 1963

Die Witterungsverhältnisse sorgten dafür, dass Westfalia Herne über drei Monate kein Heimspiel austragen konnte. Der mit Ambitionen nach Herne gewechselte Trainer Fritz Silken schildert die psychologische und sportliche Tristesse des Vereins in der entscheidenden Saisonphase:

„Die Spieler waren nicht mehr zu motivieren. Sie waren abgeschliffen. Dazu kam noch ein furchtbarer Winter mit abwechselnd Frost und Regen. Die Plätze waren kaputt. Wir hatten alle vier Wochen mal ein Spiel und von November bis März kein einziges Heimspiel. Aufgrund der nicht vorhandenen Zuschauereinnahmen kriegten die Spieler ihr Geld nicht, oder jedenfalls erst später. Und die Wahrnehmung, wir könnten in die Bundesliga kommen, war auch tot, denn die hatte der Vorstand abgewürgt."

6

FC Schalke 04 – TSV Marl-Hüls 3:2 (1:0), 16. September 1962, 15.000 Zuschauer

Ein neues Gesicht in der Oberliga West: Der 18-jährige Reinhard Libuda wirbelte auf Schalkes rechter Angriffsseite.

Bereits wenige Zeit später widmete ihm die „Fußball-Woche" unter dem Titel „Der Unberechenbare" eine erste Artikelserie, in der es heißt: „In dieser, seiner ersten Saison bei den Großen, griff der Unberechenbare in einigen Spielen mit Erfolg nach dem Unglaublichen und Unmöglichen. Als noch Unbekannter riss er etliche gegnerische Abwehrketten in Stücke."

Der TSV Marl-Hüls kann dagegen den Titel für sich beanspruchen, „letzter Letzter" der Oberliga West gewesen zu sein.

7

Alemannia Aachen – Fortuna Düsseldorf 2:0 (1:0), 17. März 1963, 20.000 Zuschauer

16 Jahre Zugehörigkeit zu Oberliga West reichten der Alemannia nicht aus, um in die Bundesliga aufgenommen zu werden. Der Vorstand bemühte die Gerichte. Erst im November 1963 wurde Aachens Klage endgültig abgewiesen – die Bundesliga hatte zu diesem Zeitpunkt bereits ihren elften Spieltag absolviert.

Aachens Dauerbrenner Jupp Martinelli wird von Torhüter Werner Pfeifer gestoppt. Vier Jahre später sollte Martinelli („Für mich gab es nur Alemannia, sonst überhaupt nichts. Ich habe nie daran gedacht, irgendwo anders hinzugehen.") mit seiner Alemannia doch noch Bundesliga-Luft schnuppern.

8

ETB Schwarz-Weiß Essen – BV Borussia Dortmund 2:1 (2:0), 23. September 1962, 23.000 Zuschauer

ETB hatte nach seiner Oberliga-Rückkehr 1961/62 einen starken vierten Platz belegt. Um überhaupt Chancen zu haben, in die Bundesliga aufgenommen zu werden, brauchte der Verein eine ähnlich gute Platzierung, die aber durch Unstimmigkeiten im Vereinsumfeld verhindert wurde. Maßgebliche Kräfte im Vorstand hielten die „Profiliga" für nicht finanzierbar und betrieben das Unternehmen „Bundesliga" nur äußerst halbherzig, was in der Endphase der Saison zu einem unverständlichen Leistungsabfall der Mannschaft führte.

„Ich wäre ja gern in Essen geblieben", erzählte Horst Trimhold, der später insgesamt 167 Bundesligaspiele für Eintracht Frankfurt und den BVB absolvierte, „aber leider wurden in Essen die Zeichen der Zeit nicht erkannt."

Noch freuen sich Richard Kulot, Heiner Kördell, Theo Klöckner, Manfred Rummel, Günter Krafczyk, Heribert Heuting, Kalla Mozin, Horst Trimhold und Heinz Ingenbold.

9
**BV Borussia Dortmund – SC Preußen Münster 3:1 (2:0),
21. April 1963, 38.000 Zuschauer**

Jürgen „Charly" Schütz setzte seine erstaunliche Torquote auch im letzten Jahr der Oberliga West fort: Zum dritten Mal (in vier Spielzeiten) wurde er Torschützenkönig.

Nach dem Gewinn der Deutschen Meisterschaft mit Borussia, wechselte er im Sommer 1963 für die Rekordablösesumme von 600.000 DM zum AS Rom.

10

BV Borussia Dortmund – 1. FC Köln 3:1 (2:0), Endspiel um die Deutsche Meisterschaft, Neckarstadion, Stuttgart, 29. Juni 1963, 75.000 Zuschauer

Der Anfang vom Ende der Kölner Meisterschaftsträume: Torhüter Fritz Ewert lässt nach neun Minuten einen Schuss von „Hoppy" Kurrat passieren. Seine Reaktion lässt vermuten, dass der Schuss wohl haltbar gewesen ist.

Ein Jahr später holen die Geißböcke und Ewert die verlorene Meisterschaft nach: In einem wahren Triumphzug dominieren sie die erste Saison der neuen Bundesliga.

11
Am Uhlenkrug, Essen, Oktober 1962

Deutsche Meisterschaften von 1947 bis 1963

Von 1947 bis 1963 spielten die besten Teams aller Oberligen – bis 1950 im K.O.-System bzw. ab 1951 in einer gesonderten Endrunde – die Teilnehmer des Endspiels um die Deutsche Meisterschaft aus. Die Endspielpaarungen und das Abschneiden der Westvereine im Überblick.

1948
1. FC Nürnberg – 1. FC Kaiserslautern 2:1 (2:0)
(BV Borussia Dortmund, Spfr. Katernberg und STV Horst-Emscher um die Britische Zonenmeisterschaft ausgeschieden.)

1949
VfR Mannheim – BV Borussia Dortmund 3:2 n.V. (0:1, 2:2)
(Rot-Weiss Essen in der Endrunden-Qualifikation ausgeschieden.)

1950
VfB Stuttgart – Kickers Offenbach 2:1 (2:0)
(BV Borussia Dortmund, Rot-Weiss Essen und STV Horst-Emscher im Achtelfinale ausgeschieden, SC Preußen Dellbrück im Halbfinale.)

1951
1. FC Kaiserslautern – SC Preußen Münster 2:1 (0:0)
(Westmeister FC Schalke 04 in der Gruppenphase ausgeschieden.)

1952
VfB Stuttgart – 1. FC Saarbrücken 3:2 (2:1)
(Rot-Weiss Essen und FC Schalke 04 in der Gruppenphase ausgeschieden.)

1953
1. FC Kaiserslautern – VfB Stuttgart 4:1 (1:0)
(BV Borussia Dortmund um den Torquotienten von 0,238 und 1. FC Köln in der Gruppenphase ausgeschieden.)

1954
Hannover 96 – 1. FC Kaiserslautern 5:1 (1:1)
(1. FC Köln in der Gruppenphase ausgeschieden.)

1955
Rot-Weiss Essen – 1. FC Kaiserslautern 4:3 (3:1)
(SV Sodingen in der Gruppenphase ausgeschieden.)

1956
BV Borussia Dortmund – Karlsruher SC 4:2 (2:1)
(FC Schalke 04 um den Torquotienten von 0,07 in der Gruppenphase ausgeschieden.)

1957
BV Borussia Dortmund – Hamburger SV 4:1 (3:1)
(Duisburger SV in der Gruppenphase ausgeschieden.)

1958
FC Schalke 04 – Hamburger SV 3:0 (2:0)
(1. FC Köln in der Gruppenphase ausgeschieden.)

1959
Eintracht Frankfurt – Kickers Offenbach 5:3 n.V. (2:2, 2:2)
(SC Westfalia Herne und 1. FC Köln in der Gruppenphase ausgeschieden.)

1960
Hamburger SV – 1. FC Köln 3:2 (0:0)
(SC Westfalia Herne in der Gruppenphase ausgeschieden.)

1961
1. FC Nürnberg – BV Borussia Dortmund 3:0 (2:0)
(Westmeister 1. FC Köln in der Gruppenphase ausgeschieden.)

1962
1. FC Köln – 1. FC Nürnberg 4:0 (2:0)
(FC Schalke 04 in der Gruppenphase ausgeschieden.)

1963
BV Borussia Dortmund – 1. FC Köln 3:1 (1:0)

Ewige Tabelle der Oberliga West 1947–1963

	Vereine	SP	Tore	Punkte	WM / WV
1.	BV Borussia Dortmund	16	1139:686	600:336	6/2
2.	FC Schalke 04	16	986:704	555:381	2/3
3.	Alemannia Aachen	16	842:852	482:454	-
4.	SC Preußen Münster	15	787:746	432:453	0/1
5.	1. FC Köln	14	985:577	543:281	5/3
6.	Fortuna Düsseldorf	14	763:725	405:411	-
7.	Rot-Weiss Essen	13	764:576	451:317	2/2
8.	Meidericher SV	11	547:518	343:317	-
9.	SF (SV) Hamborn 07	11	439:589	264:372	-
10.	Borussia Mönchengladbach	11	502:757	263:397	-
11.	Rot-Weiß Oberhausen	10	439:468	290:286	-
12.	Duisburger SV	10	441:554	274:326	0/1
13.	SC Westfalia Herne	9	459:432	276:264	1/1
14.	SC Preußen Dellbrück	9	422:479	250:278	-
15.	ETB Schwarz-Weiß Essen	9	463:471	252:288	-
16.	SV Sodingen	9	388:470	227:313	-
17.	STV Horst-Emscher	8	380:469	202:254	-
18.	VfL Bochum	7	331:374	190:230	-
19.	Bayer Leverkusen 04	6	298:337	175:185	-
20.	SC Viktoria Köln	6	366:415	166:194	-
21.	SpVgg Erkenschwick	6	267:343	143:193	-
22.	SF Katernberg	5	250:306	124:152	0/1
23.	Wuppertaler SV	4	173:240	100:140	-
24.	TSG Vohwinkel 80	3	116:161	63:93	-
25.	Rheydter SV	3	150:221	71:109	-
26.	TSV Marl-Hüls	3	130:212	65:115	-
27.	Rhenania 05 Würselen	2	78:100	47:61	-
28.	VfR rrh Köln	1	366:415	17:31	-
29.	Arminia Bielefeld	1	32:72	17:43	-
30.	VfL Witten 07	1	30:56	13:35	-
31.	FV Duisburg 08	1	29:66	14:46	-

Legende:

SP: Spielzeiten in der Oberliga West
WM/WV: Westmeister/Vize-Meister

Statistik

Zuschauer in den Bäumen, Rote Erde, Dortmund, April 1957

Ewige Torschützenliste der Oberliga West

1. **Hans Schäfer** — 223 Tore
   (1948-63: 1. FC Köln)

2. **Alfred Kelbassa** — 216 Tore
   (1947-62: Horst-Emscher > Münster > Dortmund)

3. **Alfred Preißler** — 162 Tore
   (1947-59: Dortmund > Münster > Dortmund)

4. **Berni Klodt** — 147 Tore
   (1947-62: Schalke 04 > Horst-Emscher > Schalke 04)

5. **Siegfried Rachuba** — 127 Tore
   (1947-59: SpVgg. Erkenschwick > Pr. Münster)

6. **Franz Islacker** — 124 Tore
   (1950-61: Rheydter SV > Rot-Weiss Essen)

7. **Helmut Rahn** — 106 Tore
   (1950-63: Spfr. Katernberg > RW Essen > 1. FC Köln)

8. **Alfred Niepieklo** — 104 Tore
   (1951-59: Borussia Dortmund)

9. **Hans Müller** — 101 Tore
   (1947-57: Fortuna Düsseldorf)

10. **Heinz Lorenz** — 99 Tore
    (1953-62: Preußen Dellbrück > Viktoria Köln)

11. **Jürgen Schütz** — 96 Tore
    (1959-63: Borussia Dortmund)

    August Gottschalk — 96 Tore
    (1948-55: Rot-Weiss Essen)

    Jupp Derwall — 96 Tore
    (1949-59: Rh. Würselen > Aachen > Düsseldorf)

14. **Heinz Janssen** — 88 Tore
    (1952-63: Bor. M'gladbach > Düsseldorf)

15. **Willi Vordenbäumen** — 87 Tore
    (1950-61: Spfr. Katernberg > RW Essen)

16. **Karl Hetzel** — 84 Tore
    (1947-55: Hamborn 07 > Meidericher SV)

    Friedhelm Konietzka — 84 Tore
    (1958-63: Borussia Dortmund)

18. **Felix Gerritzen** — 83 Tore
    (1950-58: Preußen Münster)

19. **Christian Müller** — 82 Tore
    (1959-63: 1. FC Köln)

    Michael Pfeiffer — 82 Tore
    (1949-61: Alemannia Aachen > RW Essen)

21. **Edmund Kasperski** — 81 Tore
    (1948-60: Borussia Dortmund > ETB SW Essen)

22. **Karl Gramminger** — 78 Tore
    (1952-58: Fortuna Düsseldorf)

    Josef Martinelli — 78 Tore
    (1954-63: Alemannia Aachen)

24. **Jule Ludorf** — 75 Tore
    (1947-53: SpVgg. Erkenschwick)

25. **Gerd Clement** — 70 Tore
    (1957-63: Westfalia Herne)

Hans Schäfer, März 1962

Berni Klodt und Alfred Kelbassa zu gemeinsamen Zeiten beim STV Horst Emscher, Dezember 1949

Adi Preißler, Januar 1954

Foto- und Literaturnachweise

Die fotografische Grundlage des vorliegenden Bandes lieferte die **„Fotosammlung Kurt Müller"**, die seit 2006 im Besitz des Instituts für Stadtgeschichte in Gelsenkirchen ist. Die Bilder wurden vom Herausgeber von den Originalnegativen gescannt und drucktechnisch bearbeitet. Fast alle Fotos werden hier zum ersten Mal veröffentlicht.

Da die „Sammlung Müller" zeitliche und regionale Lücken aufweist, wurde zur bestmöglichen Komplettierung der Fotogeschichte der Oberliga West auf weitere Quellen zurückgegriffen:

Bildarchiv Horstmüller, Düsseldorf: 146(u), 148, 151(o), 161, 168(o), 169, 179, 185, 191, 192, 195(u), 203, 206(o), 206(u), 210, 224, 226(o), 227(o), 227(u), 228(u), 230, 231(o), 236.

Ulrich Herhaus: 22, 51, 116, 226(u). **Otto Krschak:** 149. **Ulrich Menges:** 211, 214, 218(u), 231(u). **Alfred Reiß:** 52. **WDR-Fotoredaktion:** 166(o).

Einen besondere Hilfe für die Entstehung des vorliegenden Bildbandes zur Oberliga West waren folgende **Publikationen:**

Hans Dieter Baroths „Jungens, euch gehört der Himmel!" gebührt Dank für die Inspiration.

Aus dem **„Spielerlexikon 1890-1963",** herausgegeben von **Hardy Grüne** und **Lorenz Knieriem** in der Reihe „Enzyklopädie des deutschen Ligafußballs" des Agon-Sportverlags, Kassel, wurden etliche Details zu Spielern der Oberliga West entnommen. So manche Bildunterschrift wäre ohne dieses kenntnisreiche Lexikon nicht möglich gewesen.

Der Ausstellungskatalog **„Das Spiel. Die Fußball-Weltmeisterschaften im Spiegel der Sportfotografie"** gehört wahrscheinlich zu den Büchern, die in der WM-Schwemme 2006 untergegangen sind. Zu Unrecht. Der bereits 1963 erschienene Klassiker von **Gerd Krämer „An Tagen, da das Endspiel war. 60 Jahre Deutsche Fußballmeisterschaft"** lieferte in seinen Beschreibung viel zitierbares Zeitkolorit.

Und nicht zuletzt das von **Raphael Keppel** bereits 1989 herausgegebene Statistikbuch **„Die deutsche Fußball-Oberliga 1946-1963",** dem ich die Zusammenstellung der Spieldaten und Mannschaftsaufstellungen verdanke.

Dazu kommen noch diverse Vereinspublikationen des Verlags **Die Werkstatt,** Göttingen. Außerdem verschiedene Ausgaben zeitgenössischer Fußballzeitungen – insbesondere **„Der Fußball-Sport", „Der Kicker"** und die jährlichen **„Bahr-Hefte"** zur Deutschen Fußball-Meisterschaft.

Dank

Manfred Rottwilm für die Mitarbeit.

Michael Nordbeck für die Hilfe bei der Archivierung der Negative. Sammy Ehlers für die Überarbeitung der Statistik. Vanja Vukovic und Arne Ciliox für den Support bei der Entwicklung des Lay-outs. Hans Dieter Baroth für die moralische Aufmunterung. Norbert Silberbach und Stefan Goch vom Institut für Stadtgeschichte Gelsenkirchen, Ulrich Homann und der online- und print-Redaktion des Reviersports für die Unterstützung.

Ulrich Herhaus (www.mythos-preussen-dellbrueck.de) und Alfred Reiß (Rhenania Würselen), die mir mit Material uneigennützig weiter geholfen haben. Dem Pressebilderdienst Horst Müller, Düsseldorf, für die bereitwillige Öffnung des Archivs und Elmar Wigand (Köln) für das Interview mit Georg Stollenwerk.

Ein Dank gilt auch der WAZ-Geschäftsstelle in Herne für die unkomplizierte Nutzungsmöglichkeit des hauseigenen Archivs.

Den Gesprächspartnern:

Hans Dieter Baroth, Günther Brocker, Jupp Derwall (†), Gerd Harpers, Fritz Herkenrath, Willi Hölzgen, Günther Jendrny, Helge Kondring, Harald Landefeld, Jule Ludorf, Paul Matzkowski (†), Alfred Niepieklo, Alfred Pyka, Jupp Röhrig, Aki Schmidt, Alfred Schmidt, Georg Stollenwerk, Hans Tilkowski, Horst Wandolek und Hermann Wöhning.

Der Herausgeber:

Ralf Piorr, 1966 in Einbeck (Niedersachsen) geboren. Historiker, Publizist und bekennender Fußballer. Arbeitet als Kulturausputzer für die Zeitung „RevierSport". Letzte Buchveröffentlichungen: Der Pott ist rund. Das Lexikon des Revier-Fußballs (2006); Wo das Fußball-Herz schlägt. Fußball-Land NRW (2006) und ein Buch über die Ringer des KSV Witten: „Kernig, kunstvoll, kraftvoll, kühn" (2007). Lebt in Herne.

Wuppertaler SV – FC Schalke 04 1:4 (1:4), 31. August 1955, 30.000 Zuschauer

Zum Oberliga Heimdebüt des WSV schwebte ein Reklameheißluftballon der Firma „Müller & Söhne" über dem ausverkauften „Stadion am Zoo".

Das Bild versteht sich als Reminiszenz an den Fotografen Kurt Müller, dessen Fotos diesen Bildband prägen.

JUNGENS, EUCH GEHÖRT DER HIMMEL
DIE GESCHICHTE DER OBERLIGA WEST VON 1947 BIS 1963

„Reminiszenzen an eine Zeit, da sich der Fußball noch in der unmittelbaren Nähe zu seinen Fans präsentierte." (WAZ)

„So etwas wie ‚Die Odyssee' der alten Oberliga West." (RevierSport)

Hans Dieter Baroth
JUNGENS, EUCH GEHÖRT DER HIMMEL
Die Geschichte der Oberliga West von 1947 bis 1963.
(Wir in Nordrhein-Westfalen. Unsere gesammelten Werke: Bd. 20),
Klartext-Verlag, Essen 2006, EUR 7,95

www.klartext-verlag.de

KLARTEXT